KB169517

아들러와
프로이트의
대결

아들러와
프로이트의
대결

ADLER ——— 두 거장의
충돌하는
심리학 ——— FREUD

와다 히데키 지음
이민연 옮김

에쎄

머리말

최근 정신치료(임상심리사는 심리치료라고 부릅니다)라 불리는 마음의 치료에 대한 관심이 높아지고 있습니다.

이는 우울증 치료제의 심각한 부작용● 문제가 대두되고 학대나 스토커 사건이 눈에 띄게 늘어나면서 인격장애에 대한 사회적 관심이 높아졌기 때문으로 생각됩니다. 또한 동일본 대지진과 같은 재난, 집단 괴롭힘이나 직장 내 권력형 폭력, 성희롱 등 트라우마를 안겨주는 사건의 후유증으로 외상후 스트레스 장애PTSD가 주목을 받고 있고, 2012년 이후 간신히 연간 3만 명 이하로 감소하기는 했지만 그래도 여전히 일본의 자살률이 선진국 중에서도 가장 높은 수준이라는 점 등이 정신치료가 큰 관심을 받는 이유라고 생각합니다.

실제로 일본에서는 현대적 정신치료라고 하는 인지치료나 인지행동치료가 2010년부터 건강보험 적용을 받게 되었습니다. 오랫동안 정신분석을 공부하고 3년간 미국의 정신의학학교에서 유학한 저로서도 마음 치료에 대한 관심이 이렇게 높아진 현상은 이례적임을 실감하고 있습니다. 최근 20년간 약물 치료에만 치중하던 일본 정신의학계●●도 조금씩 달라지는 중입니다.

이처럼 마음 치료에 대한 관심이 높아지고 있긴 하나 사실 대부분의 사람은 마음 치료가 무엇인지, 어떻게 마음의 병이 치료되는지 잘 모르고 있습니다.

최근에는 대학에서도 마음의 병이나 치료에 관한 교육을 별로 하지 않기 때문에(물론 약물 치료법은 배우고 있겠지만) 정신과 의사조차 이에 대해 잘 모르는 경우가 많은 듯합니다.

한 권의 책에 마음 치료의 전반을 담기에는 무리가 있기 때문에 이 책에서는 마음 치료의 원류가 되는 두 거장의 이론을 비교하면서 그들의 이론이 오늘날까지 어떻게 이어져왔는지 생각해보려 했습니다.

두 거장은 바로 지그문트 프로이트와 알프레트 아들러입니다.

프로이트의 이론이 무엇인지 자신 있게 답할 수 있는 사람은 많지 않을 수 있지만 그 이름만큼은 모르는 사람이 없겠지요. 말할 필요도 없이 그는 무의식의 발견자라 할 수 있습니다.

한편 아들러는 대부분의 제자가 나치의 강제수용소에서 죽었기

(살해당했기) 때문에 그 명성이 거의 잊혔지만, 오늘날 누구나 흔히 사용하는 열등콤플렉스 개념의 창시자가 바로 아들러라고 할 때, 심리학에 그가 얼마나 막대한 영향을 미쳤는지 짐작할 수 있을 것입니다.

실제로 환자의 치료뿐 아니라 아동교육에도 열의를 쏟았던 아들러는 인본주의 심리학의 원류로서 욕구 단계 이론(생리적 욕구에서부터 자기실현의 욕구까지 인간의 욕구를 5단계로 이론화한 것)의 에이브러햄 매슬로에게 큰 영향을 미쳤습니다. 또한 자기 계발의 아버지로 불리는 데일 카네기도 아들러의 영향을 받았다고 합니다.

인지치료를 창시한 아론 벡은 프로이트학파의 정신분석학자로 출발해 아들러학파의 트레이닝을 받았습니다. 실제로 아론 벡의 이론은 아들러학파의 이론에 더 가까우며 프로이트의 정신분석과

(왼쪽부터) 욕구 단계 이론을 창시한 매슬로, 자기 계발의 아버지 카네기, 인지치료를 처음 시작한 아론 벡

는 결별한 것으로 알려져 있습니다.

프로이트와 아들러 이론의 비교는 적어도 마음의 병을 어떻게 치료할지 이해하는 데 크게 도움이 되리라 믿습니다.

이 책이 교양서로서뿐만 아니라 독자 여러분이 자신의 마음을 알고 건강하게 하는 데 도움이 된다면 저자로서 그보다 기쁜 일은 없을 것입니다.

● 자살 위험을 높인다는 지적과 함께, 오사카 교육대학 부속 이케다 초등학교 사건이나 아키하바라 '묻지마' 살인 사건 등 흉악한 범죄를 저지른 범인들이 이 약을 복용하고 있었던 것으로 드러나 공격성을 높일 위험도 제기되고 있습니다.

●● 실제로 일본의 80곳의 의과대학 중에서 정신치료 전문가가 정신과 학과장을 맡고 있는 대학은 한 군데도 없습니다.

제2장 충돌하는 심리학

– 그리고 모두 프로이트에게서 멀어졌다?

제3장 부정된 프로이트, 잊힌 아들러

제4장 새롭게 재평가되는 아들러와 프로이트

제5장 심리학은 사람의 마음을 어디까지 치료할 수 있게 되었나?

종장 프로이트와 아들러로부터 100년

'삶에 도움이 되는' 심리학 — 왜 지금 아들러 심리학인가

심리학의 두 가지 커다란 목적

이 책의 주인공인 프로이트와 아들러는 오늘날 다양한 형태로 발전한 임상심리학의 원류가 되는 인물이다. 두 사람의 이론과 개념은 많은 연구자와 치료사에게 막대한 영향을 미쳐, 대부분의 심리치료 방법은 두 사람에게 빚졌다고 해도 과언이 아닐 것이다.

이야기를 시작하기에 앞서 먼저 '심리학'이라는 광범위한 분야에서 두 사람의 학문이 어떻게 자리매김되어 있는지를 살펴보겠다.

'심리학'에는 인지심리학, 발달심리학, 언어심리학, 사회심리학, 범죄심리학 등이 있으며, 그 내용은 실로 다양하다. 심리학은 그 목적에 따라 크게 둘로 나뉜다.

하나는 모든 사람에게 해당되는 일반적인 마음의 움직임을 연구하는 것, 이른바 '정상적이 마음'의 형태를 탐구하는 심리학이다.

예를 들면 그중 하나인 인지심리학에서는 'A'라는 문자를 본 사람이 그것을 어떻게 'A'라는 기호로서 인식하는지를 연구한다.

'A를 A로 인식하는 것은 당연하지 않은가'라고 생각하는 사람도 많을 것이다. 그러나 손으로 쓴 'H'의 윗부분이 거의 붙어 있는 경우에는 'A'로 보일 수도 있다. 그렇다면 'H'의 윗부분이 얼마나 떨어져 있어야 'A'가 아닌 'H'로 인식될까? 이런 식으로 생각하면 인지심리학도 꽤 흥미로운 분야다.

대개 다양한 실험을 통해 마음의 움직임을 밝히려 하기 때문에 이 분야는 '실험심리학'이라 불린다. 'A와 H의 식별' 문제도 수많은 피험자를 대상으로 실험하고 그 결과를 집계한 데이터를 분석함으로써 인지의 구조를 알게 된다.

'파블로프의 개'로 유명한 조건반사도 '정상적인 마음의 움직임'을 탐구하는 과정에서 발견되었다. 먹이를 주기 전 개에게 반복해서 종소리를 들려주는 실험을 통해 조건을 부여함으로써 반사가 일어난다는 사실을 밝혀낸 것이다.

차이는 '어떤 마음'을 취급하는가에 있다

그러나 심리학의 목적은 정상적인 마음의 움직임을 밝히는 데만 있는 것이 아니다. 인간의 마음은 때로 '정상'에서 벗어나기 때문이다.

신경증, 우울증, 조현병, 불안장애나 공황장애, 은둔형 외톨이, 스토커, 청소년 비행, 아동 학대, '묻지마' 살인 등 그 예는 일일이 열거할 수 없을 정도다. 누구나 마음의 건강을 잃게 되면 스스로 고통을 느끼거나 사회적으로 부적합한 행동을 하기도 한다. 몸의 질병이나 상처와 마찬가지로 '병든 마음'과 '상처 난 마음'도 가능하면 고치는 것이 좋다.

이것이 바로 심리학의 또 다른 목적이다. 이렇게 마음의 질병을 고치는 것을 목적으로 하는 심리학을 '임상심리학'이라고 한다. 거기에는 기존에 갖고 있던 마음의 질병에 대한 진단과 검사, 테스트 등이 포함된다.(임상심리학에서는 지능 테스트를 포함하여 개인적인 사항을 테스트하므로 정상적인 사람도 임상심리학의 대상이 된다.)

즉 심리학은 크게 '건강한 마음'을 취급하는 실험심리학과 원칙적으로 '병든 마음'을 취급하는 임상심리학으로 나눌 수 있다.

물론 두 가지 모두 '사람의 마음'을 다루기 때문에 관련성이 전혀 없는 것은 아니다. 건강한 마음의 움직임을 알지 못하면 병든 상태가 어떤 것인지 알 수 없으며, 비정상적인 심리 상태와 비교함으로써 정상적인 마음의 형태를 이해할 수도 있다. 또한 임상심리학에서 이상 발달을 연구하기 때문에 정상적인 발달도 상정힐 수 있는 것이다. 이런 연구 결과는 교육 분야에서 응용되기도 한다.

그렇지만 당연히 연구 목적이 다른 까닭에 실험심리학 연구자가 '마음의 병'을 치료할 수는 없다. 실험심리학은 주로 대학의 문학부 심리학과●에서 다루는 영역인 반면 임상심리학은 넓은 의미의 '의료'와 '교육'에 포함된다. 그러므로 임상심리학과는 교육학부나 의학부에 포함되는 경우가 많다.

이 책에서 소개하는 프로이트와 아들러는 모두·임상심리학 분야에서 활약한 인물이다. 이들의 심리학은 원래 '병든' 사람들에게 '마음의 건강'을 되찾아주기 위해 생겨난 것이다.

'마음'을 대상으로 하는가, '뇌'를 대상으로 하는가

비단 임상심리학만이 마음의 병과 상처를 치료하는 학문은 아니다. '생물학적 정신의학'도 마음의 건강을 다룬다.

단, 생물학적 정신의학은 심리학이 아니다. 그 대상이 '마음'이 아니라 '뇌'이기 때문에 오히려 '뇌과학'에 가깝다고 볼 수 있다.

● 한국에서는 주로 자연과학대학으로 분류―옮긴이

생물학적 정신의학에서는 우울증이나 조현병 같은 정신질환의 원인이 뇌 기능의 변조에 있다고 본다. 신경전달물질의 제어 능을 통해 증상의 개선을 도모하기 때문에 뇌의 화상 진단이나 약물치료가 중심이 된다.

이에 반해 임상심리학은 약물을 사용하지 않고 '심리치료' 혹은 '정신치료'라 불리는 치료법을 이용한다. 정신분석이나 상담 등 주로 환자와의 소통을 통해 증상의 개선을 도모하는 것이다. 임상심리사는 법적으로 약물 처방을 할 수 없게 돼 있어 환자와의 소통을 통해 치료를 하지만, 필자처럼 정신치료를 전문으로 하는 정신과 의사는 대개 두 가지를 병용할 수 있다.

약물 치료가 환자의 '뇌'에 작용한다면, 심리치료는 환자의 '마음'에 접근하는 것이다. 이처럼 같은 질병이나 증상에 대해서도 두 가지 접근 방법이 있다.

'마음은 뇌에 있다'는 착각

그렇다면 '뇌'와 '마음'은 어떤 관계일까?

뇌는 심장이나 폐 등과 같은 장기이므로 해부학적으로 이해할 수 있다. 그에 반해 마음은 눈에 보이지 않을뿐더러 어디에 존재하는지조차 분명하지 않다. 물론 마음의 움직임은 뇌에서 제어되고 뇌가 없으면 마음도 없기 때문에 '마음은 뇌에 있다'는 말도 전혀 틀린 것은 아니다.

만약 그렇다면 '정상적인 마음'이건 '병든 마음'이건 오직 뇌과학만 열심히 연구하면 이해 가능할 거라 생각할 수도 있다. 애매모호한 '마음'을 대상으로 연구하는 심리학은 필요 없다고 여기는 사람도 더러 있을 것이다.

분명 뇌와 마음은 밀접한 관계가 있긴 하나 아무리 뇌를 해부한다 해도 마음을 가시적인 형태로 나타낼 수는 없다. 'A'라는 글자를 'H가 아니라 A'라고 인지하는 것은 뇌의 작용이 분명하지만 그 인지 구조는 장기로서의 뇌를 관찰해서는 알 수 없기 때문이다. 그것을 이해하려면 역시 심리학적인 접근이 필요하다.

마음에도 하드웨어와 소프트웨어가 있다

뇌와 마음의 관계는 오늘날 누구나 일상적으로 사용하는 컴퓨터와 비교해보면 이해하기 쉽다.

컴퓨터는 '하드웨어'와 '소프트웨어' 두 가지가 모두 있어야 작동한다. 소프트웨어를 설치하지 않은 컴퓨터는 한낱 기계 부품 덩어리에 지나지 않는다.

마찬가지로 뇌에도 하드웨어와 소프트웨어가 있다고 생각할 수 있다. 장기로서의 뇌세포와 신경전달물질이 '뇌의 하드웨어'라고 하면 마음은 '뇌의 소프트웨어'에 해당된다.

컴퓨터의 하드웨어와 마찬가지로 뇌세포나 신경전달물질은 손으로 만지거나 눈으로 볼 수 있다. 하지만 마음은 소프트웨어처럼 그 자체를 만지거나 볼 수는 없다.

눈으로 볼 수 있는 것은 그것이 작용했을 때 나타나는 결과뿐이다. 컴퓨터라면 모니터에 나타나는 파일, 사람이라면 마음의 작용에 의한 행동 등을 '소프트웨어'의 결과물로서 관찰할 수 있다.

따라서 생물학적 정신의학만으로는 병든 마음이나 상처 난 마음을 치료하는 데 충분하지 않다. 컴퓨터 하드웨어를 수리하는 기술만으로는 소프트웨어의 버그(프로그램에 포함된 오류나 문제)를 해결할 수 없는 것과 마찬가지다.

'뇌의 소프트웨어'를 이해하려면 심리학이 필수이고 임상심리학의 정신치료가 없다면 마음의 '버그'를 고칠 수도 없는 것이다. 이는 컴퓨터가 문제를 일으켰을 때 대부분 컴퓨터 본체를 분해하지 않아도 소프트웨어만 검사하고 수정해서 해결할 수 있는 것과 같다.

종교의 영역이었던 임상심리학

그렇다면 임상심리학은 어떻게 시작되었을까?

서양의학의 기원은 고대 그리스의 히포크라테스로 알려져 있다. 그러나 18세기 후반까지도 의학 분야에서 '마음의 질병'에 대한 치료는 다뤄지지 않았다.

그때까지는 마음의 질병이 아예 '병'으로 취급되지도 않았다. 정체를 알 수 없는 악마 같은 것이 사람의 마음에 들어가 나쁜 일을 일으킨다고 믿었기 때문에 이를 고치는 것은 과학이 아니라 종교, 즉 의사가 아니라 마술사의 역할이라고 생각했던 것이다.

그러다 18세기 후반 들어 독일의 의사 프란츠 안톤 메스머가 '동물자기설'을 주장했다. 사람의 몸에서 발산되는 동물 자기가 흐트러져 마음에 병이 생기기 때문에 지압 등을 통해 제어하면 이를 치료할 수 있다는 주장이었다.

'마음의 병이 악마 때문이라는 설'만큼이나 의심스러운 이론이지만, 외부로부터 무엇인가 몸 안에 침입하는 것이 아니라 병의 원인이 환자 내부에 있다고 생각했다는 점에서 이는 획기적인 발견인 셈이다. 이때부터 마음의 병은 '의학'의 대상이 되었다고 볼 수 있다.

마음의 병에 대한 의학 연구가 진행되는 과정에서 몇몇 저명한 의사가 '최면술'을 시도했고 실제 치료에도 사용되었다.

나아가 19세기 후반에는 의학계에서 '최면술'이 정신 질환 치료법으로 정식 채택되었다. 신경내과의 대가인 프랑스의 장 마르탱 샤르코가 신경증의 일종인 히스테리 환자에게 최면술이 효과가 있다는 사실을 발견한 것이다.

최면술에 서툴렀던 프로이트, 그로 인해 탄생한 '정신분석'

신경증은 우리가 흔히 알고 있는 것과 달리 신경이나 뇌의 조직 등 '하드웨어'의 이상으로 인해 생기는 병이 아니다. 하드웨어에는 아무런 문제도 없는데 신경장애를 보이는 것이 바로 신경증이다.

신경증은 곧 눈에 보이지 않는 '뇌의 소프트웨어'에 생긴 질병이다. 그 일종인 히스테리도 신경에는 이상이 없는데 손발의 마비와 경련, 말을 못 하는 등의 증상이 나타난다.

신경증의 원인이 '마음의 병'에 있다고 생각한 샤르코는 최면술을 걸어 환자에게 암시를 주거나 마음 깊은 곳에 감춰져 있는 갈등 같은 것을 드러내놓게 했다. 그 결과 그는 히스테리 치료에 성공한다.

지그문트 프로이트는 젊은 시절에 샤르코의 히스테리 치료에 관심이 많았다.

신경내과 의사였던 프로이트는 파리 유학 중 샤르코에게 최면술을 배운 뒤, 히스테리 치료에 전념하기 위해 빈으로 돌아와 자신

최면술에 서툴렀던 탓에 '정신분석'이라는 자신만의 임상심리
학을 창안해낸 지그문트 프로이트(1856~1939)

의 병원을 개업한다.

하지만 그는 히스테리 치료에 큰 성과를 올리지 못했는데, 아마 최면을 거는 데 서툴렀기 때문이었던 것으로 여겨진다.

그래서 프로이트는 최면술을 사용하지 않고 히스테리를 치료하는 방법을 연구했다. 마음 깊은 곳에 숨겨진 갈등을 드러내게 하여 병이 낫는다면 꼭 최면술을 써야만 하는 것은 아니라고 생각한 것이다.

그렇게 해서 개발한 방법이 '꿈의 해석'과 '자유연상법'이다. 자세한 내용은 나중에 설명하겠지만, 그 이후 프로이트는 '정신분석'이라 불리는 임상심리학을 창안해냈다.

예전만 못한 프로이트의 위상

이른바 '무의식'의 발견을 비롯해 프로이트의 이론은 20세기 심리학과 정신의학에 지대한 영향을 미쳤다. 아니 철학과 문학 등 광범위한 분야에 걸쳐 영향을 미쳤다는 표현이 정확할 것이다. 프로이트의 정신분석학은 잘 몰라도 프로이트의 이름을 처음 들어보는 사람은 아마 없을 것이다.

그러나 현대 임상심리학 현장에서는 프로이트의 정신분석 방법이 많이 쓰이지 않는다. 간단히 말해 치료에 '별로 도움이 되지 않기 때문'이다.

물론 과거에는 프로이트의 정신분석이 신경증 치료에 크게 도움이 되었다. 그렇기 때문에 그의 이론은 커다란 영향을 미쳤던 것이고 지금까지도 정신의학계에는 프로이트의 이론을 중요시하는 학자가 많다.

그러나 오늘날 프로이트의 방식은 현대인의 마음의 병을 치료하는 데 큰 효과를 내지 못하고 있다. 임상심리학은 무엇보다 '치료'가 목적이므로 이론이 아무리 훌륭하더라도 환자에게 도움이 되지 않으면 사용할 수 없다.

학회의 일부 학자는 비프로이트적인 방법으로 치료하는 심리치료사를 보고 프로이트 방식이 아니라며 불만을 제기하기도 한다. 하지만 그 방법이 실제로 환자에게 도움이 되는 이상 그러한 불만은 본말전도이지 않을까?

프로이트의 정신분석이 현대인에게 효과가 없는 이유

그렇다면 오늘날 치료에 도움이 되는 정신치료와 프로이트의 정신분석은 어떻게 다를까?

프로이트 이후의 정신치료는 오늘날까지 복잡한 과정을 거쳐 발전해왔기 때문에 '과거'와 '현재'의 차이를 한마디로 말하기는 어렵다. 자세한 내용은 뒤에서 다시 설명하기로 하고 이 장에서는 한 가지만 소개하겠다.

그것은 치료의 핵심이 '원인'이냐 '목적'이냐의 차이다.

예전의 정신치료는 마음에 병이 생기면 그 '원인'을 찾아내 없애는 것이 치료의 기본 모델이었다. 프로이트도 이와 마찬가지로 신경증의 원인이 되는 마음의 갈등을 드러내게 함으로써 환자의 증상을 개선할 수 있었다.

그 이후에도 정신치료는 병의 원인을 찾는 데 중점을 두었다. 그러나 병인을 밝혀낸다고 해서 인간이 안고 있는 마음의 문제가 모두 해결되지는 않는다.

예를 들어, 과거에 받은 마음의 상처나 열등감 때문에 일상생활에 장애를 겪는 사람이 있다고 해보자. 그 사람에게 '당신이 지금 고통받는 이유는 과거에 이런 가혹한 일을 당했기 때문'이라고 알려준다고 해서 과연 그의 마음이 편안해질까?

꼭 그렇지만은 않을 것이다. 설사 마음은 편해졌더라도 마음의 병이나 정신 상태가 오히려 나빠지는 경우도 있다.

그동안 잊고 있던 어린 시절 부모로부터 받은 학대에 대한 경험을 다시금 떠올리게 되어 오히려 증상이 악화되기도 한다. 학대받은 과거의 경험을 새삼 없었던 일로 할 수도 없기 때문에 이는 어쩌면 당연한 일이다. 환자가 '나는 부모 때문에 일그러진 마음을 갖게 되었다'고 믿어버리면 마음의 상태가 나아지기는커녕 부모에 대한 원망으로 계속 괴로워할 수도 있다.

'무엇을 위해' 그런 행동을 하게 되었는가

그래서 '원인'보다 '목적'에 주목하는 심리학이 생겨나게 되었다.

예컨대 묻지마 살인 사건이 일어났을 때, 매스컴을 비롯해 대부분의 사람은 '범인의 왜곡된 마음은 무엇 때문인가'라는 생각을 한다. 즉 '원인'을 알려고 하는 것이다. 그 결과, 신문이나 텔레비전은 범인의 과거를 낱낱이 조사해서 학대나 따돌림 등 범인이 무엇 때문에 마음에 상처를 입었는지를 파헤친다.

물론 범인에게는 괴로운 과거가 있고, 마음에 상처가 있을 수도 있다. 그러나 과거에 범인과 비슷한 일을 겪은 사람이 모두 묻지마 살인을 하지는 않는다. 그럼에도 '그런 원인으로 마음에 병이 들어 범죄를 저질렀다'고 주장한다면 비슷한 처지의 사람이 범죄를 저지르는 것을 정당화하게 될 수도 있다.

그래서 '무엇을 위해 그런 이상한 행동을 하게 되었는가' 하는 범인의 목적에 접근하는 심리치료가 주목받게 되었다. 그런 식으로 접근하면, 가령 '악의 주인공이 되어 세상의 주목을 받고 싶다'는 범인의 목적을 발견하게 될 수도 있다.

그렇다면 매스컴의 보도는 세상의 주목을 받고 싶다는 범인의 목적에 부합한다. '이런 사람은 도저히 용서할 수 없다!'며 통렬한 비난을 해도 범죄를 억제하는 데는 도움이 되지 않는다. 오히려 '이 정도의 사건을 일으키면 이렇게 큰 주목을 받는다'는 사실을 잠재적 범죄자에게 알려줄 뿐이다.

'원인론'에서 '목적론'으로: 오늘날 심리치료의 주류

아이의 문제 행동에도 이와 비슷한 면이 있다. 교사의 말을 듣지 않고 교실에서 말썽을 부리거나 아무리 혼을 내도 숙제를 하지 않는 아이를 보면 대개는 '부모가 잘못 가르쳤다'고 생각하기 쉽다. 여기서도 역시 아이가 그런 행동을 저지른 '원인'을 생각하는 것이다.

그러면 '자신의 교육에 문제가 있을지도 모른다'고 생각하는 부모는 아이가 문제 행동을 일으킬 때마다 혼내거나 달래고 대화를 나누려 하는 등 다양한 형태로 간섭하게 된다.

하지만 그러한 간섭이 문제 행동을 고칠 수 있으리라고 기대하기는 어렵다. 부모의 관심을 끌기 위해 문제 행동을 하는 것이라면 부모가 간섭할수록 아이는 '목적'을 이루게 되기 때문이다.

그렇다면 차라리 아이의 문제 행동을 그냥 두고 보는 편이 낫지 않을까? 주목을 받지 못하면 아이는 문제 행동을 그만둘지도 모른

문제 행동의 원인보다는 그런 행동을 하는 목적에 주
목해 사람의 마음을 치료하고자 했던 알프레트 아들러
(1870~1937)

다. 실제로 그렇게 해서 문제 행동을 하지 않고 그 결과 마음도 안정되는 예가 많이 있다.

필자 역시 딸아이의 무분별한 이성 교제 문제로 고민하는 부모에게 '지나치게 간섭하면 오히려 역효과가 난다'고 조언해준 적이 있다. 부모가 간섭할수록 아이는 '부모를 더욱 괴롭히자' '부모의 관심을 끌자'는 식으로 생각하게 되고 상황은 더욱 나빠지므로 지나치게 관여하지 않는 편이 좋을 수도 있다.

그래서 필자는 지금까지 아이에게 휘둘려왔으니 이제 그만 자기 자신에게 눈을 돌려 정년 이후의 삶에 대해 생각해보라고 조언했다. 그로부터 1년 뒤 악화됐던 가족관계는 개선되었고, 아이의 문제 행동도 서서히 사라졌다.

이처럼 마음속 문제의 '원인'보다 '목적'에 집중하면 대응 방식은 상당히 달라진다. 프로이트 이후, 임상심리학은 오랫동안 '원인론'을 중심으로 발전해왔지만 최근 들어 '목적론'을 중시하는 경향이 두드러진다.

사물의 인과관계는 과학의 기본이므로 학문적으로 보면 원인론이 더 완전해 보인다. 그러나 결과적으로 '마음의 건강'에 도움이 되지 않으면 아무런 의미가 없다. 그에 반해 '목적론'은 실천적 성격을 지니며, 그것이 마음의 병을 치료하는 데 도움이 된다면 기꺼이 사용해야 할 것이다.

그렇다면 이 '치료에 도움이 되는 심리학'은 어떻게 탄생했을까?

사실 그 창시자는 바로 알프레트 아들러다. 아들러는 원래 프로이트의 공동 연구자였지만 훗날 그가 창시한 심리학은 여러 의미에서 프로이트와는 대조된다.

아들러 심리학은 현대 심리학의 원류이며, 프로이트만큼 유명하지는 않지만 그 역시 현대 임상심리학에 커다란 영향을 미쳤다.

제1장 **두 심리학의 만남**
– 공동 연구자로서의 프로이트와 아들러

'콤플렉스=열등감'을 정착시킨 아들러

지그문트 프로이트와 알프레트 아들러는 임상심리학에서 각각 '원인론'과 '목적론'의 창시자다.

그러나 프로이트가 이후 정신의학이나 사상, 문학, 예술 등에 미친 영향에 비해 아들러의 존재감은 그리 눈에 띄지 않는다. 오늘날 일선에서 '목적론'을 기반으로 심리학을 연구하는 사람들 중에는 그 이론의 원류가 아들러라는 사실을 모르는 사람도 있을 정도다.

하지만 그동안 아들러의 사상은 알게 모르게 심리학의 토대를 세우는 데 계속 영향을 미쳐왔다.

흔히 '열등감'이라는 의미로 사용하는 '콤플렉스'라는 말을 예로

들 수 있다. 콤플렉스는 원래 심리학 용어로 '감정 복합'이나 '심리 복합체'라는 뜻인데, 한마디로 설명할 수 있는 단순한 개념은 아니다. 프로이트의 이론에도 '오이디푸스 콤플렉스Oedipus Complex'라는 개념(뒤에서 설명)이 있지만, 여기서 콤플렉스도 '열등감'이라는 의미가 아니다.

그런데도 일반적으로 콤플렉스는 '열등감'이라는 의미로 잘못 쓰이고 있다. 아니, 이미 그 의미로 굳어져 사전에서도 콤플렉스를 '열등감'이라는 의미로 풀이한다. 그러니 '콤플렉스'와 '열등감'은 같은 의미라고 할 수 있을 것이다.

콤플렉스라는 단어를 이렇게 잘못 사용하게 만든 장본인은 바로 아들러였다.

아들러가 제창한 '열등콤플렉스'라는 심리학 개념이 매우 설득력 있었기 때문에 어느 순간부터 '콤플렉스'라는 용어가 '열등감'을 의미하게 된 것이다.

"저 사람은 키가 작은 게 콤플렉스야." 많은 사람이 이런 식으로 콤플렉스라는 말을 일상에서 쓸 뿐 아니라 다양한 열등감이 인간의 심리와 행동에 영향을 미친다는 점을 상식으로 받아들이고 있다.

하지만 아들러의 심리학이 없었다면 이런 일도 없었을 것이다. 물론 아들러 심리학에는 그 밖에도 많은 내용이 있지만, 이 '열등콤플렉스'의 발견만으로도 그는 세상 사람들에게 큰 영향을 미쳤다고 할 수 있다.

그런데 서양에서조차 '열등콤플렉스'가 아들러 심리학의 중요한 개념이라는 사실을 종종 간과하곤 한다.

예를 들어 프로이트와 어깨를 나란히 하는 '심리학의 거장' 카를 융의 서거를 알린 한 기사는 융을 '열등콤플렉스라는 용어를 창안한 사람'으로 소개하고 있다.

물론 이는 잘못된 것이다. 융도 자신의 이론에서 콤플렉스라는 용어를 많이 사용했지만, 그것이 열등감을 의미하진 않았다. 정작 아들러의 이름은 잊혔는데, 열등콤플렉스라는 개념만 세상에 널리 알려져 이런 일이 발생한 것이다.

이렇게 그의 심리학은 일반인들에게도 알려져 있지만 정작 아들러 본인의 지명도는 그리 높지 않다. 그 점은 '무의식' '리비도' '초자아' 같은 용어로 기억되는 프로이트와 크게 다르다고 볼 수 있다.

아들러, 『꿈의 해석』을 높이 평가하다

그러나 프로이트와 아들러는 공통점도 많다.

나이는 1856년생인 프로이트가 열네 살이나 많지만 두 사람 모두 오스트리아 출신의 유대인이다. 프로이트의 부친은 모직물상, 아들러의 부친은 곡물상으로 모두 상인이었다. 그리고 두 사람 모두 빈대학 의학부를 다녔다.

결과적으로는 대조적인 심리학을 창시했지만 원래 그들은 '공동 연구자' 관계였다. 당시 정신분석학이라는 혁신적인 심리학을 창시한 프로이트를 따르는 연구자가 많았는데, 아들러도 그중 한 사람이었다.

두 사람이 알게 된 계기는 프로이트가 쓴 『꿈의 해석』이라는 책을 아들러가 높이 평가하면서부터라고 한다. 당시 프로이트의 『꿈의 해석』이 의사들 사이에서 혹독한 비판을 받던 와중에, 아들러는 프로이트를 옹호했다.

물론 『꿈의 해석』에 대한 아들러의 견해가 글로 남아 있지 않아 사실 여부는 알 수 없다.

그러나 프로이트의 『꿈의 해석』은 획기적인 이론이었기 때문에 아들러가 그 가치를 인정했을 가능성은 매우 높다.

꿈을 풀이하거나 해몽점을 치는 등 꿈의 내용에서 무엇인가를 읽어내려는 노력은 옛날부터 있어왔다. 하지만 프로이트의 꿈 해석은 그런 것들과는 근본적으로 다르다.

이전의 꿈 해석에서는, 이를테면 '뱀 꿈은 섹스를 상징한다'는 식으로 꿈의 의미가 누구에게나 동일하다고 생각했다. 그러나 프로이트는 꿈의 의미가 사람에 따라 각기 다르다고 보았다.

그래서 상대방이 '꿈에 뱀이 나타났다'고 해도 대뜸 '그것은 이런 의미다'라고 말하지 않는다. 그 꿈 이야기를 실마리로 "최근 실제로 뱀을 본 적이 있습니까?" "뱀 외에 싫어하는 것은 무엇입니까?" "뱀과 관련된 추억이 있습니까?"와 같은 질문을 해 상대방에게서 여러 이야기를 이끌어낸다.

그리고 그 이야기 속에서 상대방의 마음을 괴롭히는 것이 무엇인지, 마음속 깊이 감춰져 있는 것이 무엇인지를 찾아낸다. 이것이 정신분석의 기본인 '자유연상법'이다.

즉 『꿈의 해석』에서 꿈은 그 자체로 해석의 재료가 아니라 자유연상을 시작하기 위한 하나의 수단에 불과하다.

이런 방법은 인간 심리가 개개인마다 다르다는 전제하에 그것을 이해하고자 했다는 점에서 획기적이었다. 뱀 꿈이 섹스를 상징한다는 획일적인 발상은 성적으로 억압되어 있는 사람이라면 누구나 뱀 꿈을 꾼다고 생각한 데서 비롯됐다.

그러나 프로이트는 인간의 마음이란 각양각색이어서 같은 뱀 꿈이라도 그 의미가 사람마다 다르다고 생각했다. 바로 이 '개개인의 심리 형태'를 탐구하는 것이 프로이트의 정신분석학이다.

훗날 아들러가 주창한 심리학을 생각하면 그가 프로이트의 『꿈의 해석』을 옹호했다는 사실이 당연하게 들린다. 아들러는 자신의 심리학 유파에 '개인심리학'이라는 이름을 붙였다.

이 이름에는 개인을 전체로 본다는 의미도 포함되어 있지만, 개인의 심리는 당연히 저마다 다르다는 발상을 전제로 하고 있다. 애당초 생각이 비슷했기 때문에 프로이트와 아들러는 같은 연구자

커뮤니티에 속할 수 있었을 것이다.

프로이트, 아들러와 융을 중용하다

그 커뮤니티는 '수요 심리학 모임'이라 불렸는데, 1902년에 설립되었다. 1908년에는 이 모임이 모체가 된 '빈 정신분석학회'가 탄생했다.

당시 프로이트는 학계에서 혹독한 비판을 받고 있었다. 『꿈의 해석』뿐 아니라 자신의 다른 저서들에 대해서도 온갖 악평에 시달리던 프로이트에게 이 수요 모임은 정신적인 안식처였을 것이다.

프로이트는 모임의 멤버 중에서도 특히 아들러와 융을 신뢰했다.

1910년, 아들러는 프로이트의 후원에 힘입어 빈 정신분석학회 의장이 되고 『국제정신분석학』●의 편집장을 맡았다. 한편 융은 1910년에 국제정신분석협회가 설립되었을 때 그 초대 회장에 취임했다.

이 두 사람은 프로이트의 직계 제자가 아니며, 각자가 이미 어느 정도 심리학 연구 업적을 쌓은 터였다.

학계에서 고립돼 있던 프로이트로서는 그런 인물이 주변에 있다

● 빈 정신분석학회에서 발간한 잡지로 제1차 세계대전 중 폐간되었다.—옮긴이

는 게 매우 고마웠을 것이다. 냉소적으로 표현하면 아들러나 융의 존재 덕분에 자신의 학설에 권위를 부여할 수 있으리라 생각했는지도 모른다.

다시 말해 세상의 비판에 맞서기 위해 그 같은 권위가 필요할 정도로 프로이트의 이론은 기존 상식에서 벗어난 혁신적인 것이었다는 뜻이다.

그렇다면 프로이트 정신분석 이론의 근간은 무엇일까?

프로이트의 이론은 다방면에 걸쳐 전개되었고, 도중에 모델이 바뀌기도 했지만 그 가운데 특히 중요한 것은 '무의식의 발견'이었다.

물론 '의식'이 있다면 그것이 없는 상태도 당연히 존재한다. 잠들어 있을 때가 그렇고, 사고나 병으로 '의식불명의 중태'에 빠지는 경우도 의식이 없는 상태라 할 수 있다. 그러므로 프로이트가 무의식을 발견하기 전에도 의식의 반대 개념인 무의식이 존재한다는 것은 누구나 알고 있는 사실이었다.

그러나 그때까지 심리학에서 무의식을 연구 대상으로 삼은 적은 없었다.

당시의 심리학은 모두 기본적으로 '실험심리학'이었기 때문에 의식이 없는 상태의 인간을 실험 대상으로 하여 마음의 움직임을 조사하는 것은 불가능하다고 생각했다. 그래서 심리학에서는 오직 인간의 '의식'을 실험하고 연구했다. 의식이야말로 심리학의 '주체'였던 것이다.

그런데 프로이트는 마음의 구조를 이해하려면 반드시 '무의식'을 알아야 한다고 생각했다.

연구의 대상조차 되지 못했던 무의식을 심리학이라는 학문의 주인공으로 만든 것은 실로 대담한 행동이다. 학문의 틀을 통째로 바꾸려는 이 같은 시도는 당연히 학계와 거센 충돌을 일으킬 수밖에 없었다.

마음은 '의식·전의식·무의식'의 3층 구조: 국소론 모델

프로이트가 말하는 '무의식'은 이를테면 '무의식적으로 손을 움직인다'거나 '무의식적으로 타인에게 상처를 주었다'처럼 일상에서 사용되는 의미와는 다르다. 즉 그의 무의식은 마음속 깊은 곳에 잠재하여 좀처럼 겉으로 드러나지 않는 것을 가리킨다. 프로이트는 인간의 마음을 '의식·전의식·무의식'의 3개 층으로 나누어 이해하는 모델을 고안했다. 마음을 한 덩어리로 보지 않고 세 부분으로 구분했기 때문에 이를 '국소론 모델'이라고 한다.

예를 들어 누군가의 이름을 잘못 불렀을 때, '어쩌면 자신이 무의식중에 다른 사람을 생각하고 있었는지도 모른다'는 생각을 할 때가 있을 것이다. 프로이트의 개념에 의하면 이는 무의식이 아닌 '전의식'에 해당된다.

마음을 깊은 늪에 비유하면 의식은 수면, 무의식은 늪 바닥, 그 중간에 있는 것이 전의식이다. 마음의 표면에는 없더라도(즉 의식하지 않더라도) 전의식은 손을 뻗으면 닿을 수 있고, 때로는 표면으로 떠오르기도 한다. 의식하지 않았는데도 비슷한 연령의 젊은 여성을 부를 때, 자기도 모르게 딸의 이름을 부르거나 하는 식이다.

이에 반해 마음 깊은 곳에 가라앉아 있는 무의식의 세계는 본인의 손이 닿지 않는 영역이다. 저절로 의식 수준까지 떠오르는 일도 없다. 프로이트는 그 무의식 속에 숨어 있는 '마음의 상처'가 히스테리를 비롯한 신경증의 원인이라고 생각했다. 무의식의 갈등이 신체 증상으로 나타나는 것이다.

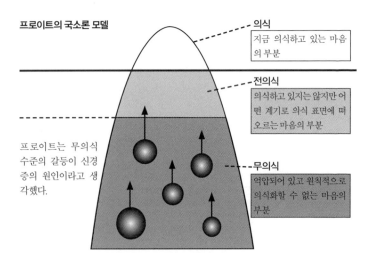

프로이트의 국소론 모델

의식
지금 의식하고 있는 마음의 부분

전의식
의식하고 있지는 않지만 어떤 계기로 의식 표면에 떠오르는 마음의 부분

프로이트는 무의식 수준의 갈등이 신경증의 원인이라고 생각했다.

무의식
억압되어 있고 원칙적으로 의식화할 수 없는 마음의 부분

그렇다면 그 원인을 무의식의 영역에서 끌어냄으로써 증상을 개선할 수도 있을 것이다. 따라서 마음의 상처나 갈등을 무의식 수준에서 의식 수준으로 끌어올리는 것이 히스테리의 치료 방법이다.

하지만 그러한 마음의 상처나 갈등은 무의식 속에 가라앉아 있기 때문에 환자 본인은 그곳에 어떤 상처와 갈등이 있는지 전혀 알지 못한다. 그래서 의사가 '당신은 뭔가 마음의 갈등을 겪고 있는데, 짐작 가는 것이 있나요?' 하고 물어도 환자는 대답할 수 없는 것이다.

어떻게 하면 무의식 속에 잠재하는 것을 의식 수준으로 끌어올릴 수 있을까?

여기에서 중요한 역할을 하는 것이 전의식이다. 프로이트는 전의식에 무의식의 상태를 알기 위한 단서 같은 것이 존재한다고 여겼다. 늪 표면에서는 바닥에 무엇이 있는지 알 수 없지만 늪 속으로 좀 더 들어가면 늪 바닥을 들여다볼 수 있을 것이다.

프로이트가 '꿈의 해석'을 시작한 것도 바로 이 때문이다.

의식이 없는 수면 중에 나타나는 것이므로 꿈은 무의식의 발로라고 여기기 쉽지만 프로이트의 생각은 달랐다. 자신이 꾼 꿈을 기억하고 있다는 것은 의식이라는 '수면'에 떠올랐다는 의미이므로 국소론 모델에 의하면 전의식의 산물이다.

다만 이는 무의식과 별개의 것이 아니다. 무의식 속의 존재가 형태를 바꿔 전의식까지 떠오른 것이 바로 꿈이라고 프로이트는 생각했다. 그러므로 환자가 꾼 꿈의 내용을 통해 무의식에 내재된 병의 원인에 관한 힌트를 얻을 수 있었다.

그렇다고는 해도 무의식에 존재하는 상처와 갈등이 반드시 그대로 꿈속에 나타나는 것은 아니다. 예를 들어 어린 시절 부모에게 학대를 당했지만 그 사실을 잊어버린 사람은 부모의 폭력에 시달리는 꿈은 꾸지 않을 수도 있다. 학대로 인한 마음의 상처가 전의식에서는 불이 나는 꿈이나 절벽에서 떨어지는 꿈으로 나타나기도 한다.

그러므로 앞서 언급한 것처럼 꿈은 환자의 마음을 이해하기 위한 '실마리'에 불과하다. 꿈을 계기로 자유연상법을 통해 이야기를 이끌어내고 무의식을 알기 위한 여러 재료를 모으는 것이 프로이트의 방법이다.

아울러 실마리가 되는 것은 꿈만이 아니다. 평온한 상태에 있는 환자의 마음에 떠오르는 모든 게 힌트가 될 수도 있다.

또한 무심코 내뱉은 농담이나 잘못 튀어나온 말 등도 전의식에서 나오는 것으로 볼 수 있다. 프로이트는 이런 재료를 종합적으로 판단해 무의식의 정체를 찾아내고자 했다.

무의식 속에 갇힌 것이 전부 '사실'은 아니다?

무의식 속에 갇힌 병의 원인에 대해서는 연구를 거듭하는 과정에서 그 개념이 조금씩 달라졌다.

처음에는 '잊어버리고 싶은 과거의 기억'이 무의식에 갇힌 병의 원인이라고 생각했다. 고통스러운 경험을 잊어버리고 싶어서 그 기억을 무의식에 가둬버리지만 기억이 완전히 사라지는 것은 아니다. 갇힌 '마음의 에너지'는 언젠가 그 형태를 바꿔 밖으로 튀어나오기 마련이다. 즉 신체 증상으로 나타나게 되는데 프로이트는 그것이 히스테리라고 보았다.

그러나 그 이론을 토대로 많은 환자를 치료하는 동안 그는 의문을 갖게 되었다.

이런 방법이 치료 효과가 없었던 것은 아니며, 자유연상법으로 과거의 고통스러운 체험을 떠올린 많은 히스테리 환자의 증상이 개선됐다.

다만 이상한 것은 프로이트의 정신분석을 받은 대부분의 환자가 과거에 부모나 친지로부터 성적 학대를 받았던 일을 떠올렸다는 사실이다. 어떻게 그토록 많은 부모가 자기 아이를 성적으로 학대하는지 의문이 생길 정도로 비슷한 사례가 많았다.

그래서 프로이트는 환자가 떠올리는 기억에는 과거의 사실뿐 아니라 환자 자신이 만들어낸 '거짓 기억'도 포함되어 있을지 모른다고 생각했다.

비록 거짓 기억이라도 본인이 사실로 믿고 있다면 마음에 상처를 입고, 또한 병의 원인이 될 수 있다. 다시 말해 있지도 않은 과거를 왜곡함으로써 그것이 환자에게는 사실과 다름없는 기억이 되고 무의식 속으로 파고들어 환자를 괴롭히는 것이다.

이를 '심리적 현실론'이라고 한다.

이 학설은 나중에 거센 비판을 받게 되었다. 미국을 중심으로 자식에 대한 부모의 성적 학대가 사회 문제로 대두되었을 때, '프로이트의 심리적 현실론에 의거해 정신과 의사들이 오랫동안 성적 학대를 사실로 취급하지 않고 방치한 탓에 결과적으로 그에 대한 대책이 늦어 환자에게 더욱 상처를 주었다'는 것이다.

게다가 프로이트가 환자 부모의 반발을 두려워한 나머지 그에 대한 타협안으로 '심리적 현실론'을 주장했다는 견해도 있다.

프로이트의 정신분석으로 성적 학대의 사실이 점차 폭로되자 '범인'으로 지목된 것이나 다름없는 부모 입장에서는 참을 수가 없었을 것이다. 실제로 프로이트의 이론이 사기라며 비난하는 사람들도 있었다. 하지만 부모의 학대가 실제로 발생한 일이 아닌 '심리적 현실'이라고 한다면 부모들의 반발도 무마할 수 있다.

그러나 상식적으로 생각해도 그처럼 많은 성적 학대가 실제로 일어났다고는 믿기 어렵기 때문에 프로이트의 심리적 현실론이 전적으로 타협의 산물이라고는 볼 수 없다. 어쨌거나 이 심리적 현실론은 지금까지도 정신치료가 안고 있는 문제다.

'원인론'에서 환자의 과거를 탐색하다 보면 환자의 마음에 상처를 준 당사자가 드러날 가능성이 있다. 그것을 전부 '심리적 현실'로 치부할 수는 없다. 또 오늘날에는 그것이 사실일 가능성이 높다고 여기는 추세다.

프로이트, 히스테리 치료에서 '성욕'에 주목하다

프로이트의 국소론 모델은 초기 개념을 뛰어넘는 방향으로 발전해 나갔다. 무의식을 아무리 파헤쳐도 '갇힌 기억'을 찾아낼 수 없는 환자도 있다는 사실을 알게 되었기 때문이다.

마음의 상처와 갈등을 야기한 과거 자체를 찾아내기 힘들기 때문에 심리적 현실에 대해 거론할 필요도 없어졌다.

그렇지만 히스테리적 신체 증상이 나타나는 이상, 환자의 무의식에는 분명히 어떤 에너지가 갇혀 있다고 볼 수 있다. 과연 그것은 무엇일까?

프로이트는 '환자가 의식하고 싶지 않은 욕구와 충동' 즉 '성욕'이 무의식에 갇혀 있다고 생각했다.

사실은 무언가를 갈망하면서도 그 욕구를 무의식에 가둬두었기 때문에 마음의 에너지가 병이 되어 나타나는 것이다.

그 욕구 중에서도 프로이트가 특히 중시한 것은 '성욕'이었다.

100년 전이라면 당연히 오늘날보다 성욕이나 섹스에 대한 억압이 심했을 것이다. 게다가 프로이트를 찾아오는 환자의 대부분은 빈의 상류계급에 속한 사람들이었고(정신분석은 비용이 꽤 많이 들어 부자가 아니면 받을 수 없었다) 히스테리는 여성에게 많이 나타나는 병이었다.

당시 '상류계급 여성'에게는 특히 정숙한 품행이 요구되었다. 성욕의 억압이 병의 원인이 되었다 해도 이상할 게 없다는 얘기다.

무엇보다 당시에는 남성과 마찬가지로 여성에게도 성욕이 있다는 생각조차 하지 못했다. 현재의 상식으로는 이해하기 힘들지만 성욕은 성인 남성에게만 있다는 게 당시의 통념이었다.

그런 상식이 지배하던 세상이었으므로 여성은 자신 안의 성욕을 스스로 부정하고 억제해야 했다.

그러나 프로이트는 히스테리 환자의 정신분석을 통해 여성에게도 성욕이 있다는 사실을 알아냈다. 뿐만 아니라 남녀 불문하고 유아에게도 성욕이 있다는 사실을 발견한 것은 프로이트의 커다란 업적이다.

성욕을 비롯한 욕구가 무의식의 영역에 갇혀 그로 인한 갈등이 마음의 병이 되어 분출되는 것이라면 더 많은 히스테리 환자를 이해하고 치료할 수 있다.

'무의식'과 '유아 성욕'이라는 두 가지 큰 발견을 통해 프로이트의 정신분석은 히스테리 치료 분야에서 견고한 입지를 다지게 되었다.

'이드·자아·초자아'의 구조론 모델

그런데 프로이트의 이론은 이 '국소론 모델'로 끝난 것이 아니었다. 그는 이후 아주 대담하게 모델을 변경하는데, 바뀐 모델은 바로 '구조론 모델'이라 불리는 것이었다.

국소론 모델은 인간의 마음을 '의식·전의식·무의식'의 3개 층으로 나누어 무의식 수준에 갇힌 갈등을 의식 수준으로 끌어올려 마음의 병을 치료하는 것이었다.

'나쁜 것을 꺼내 치료하는' 것이므로 이른바 외과 수술과 같다고 볼 수 있다.

이 치료법은 일정한 성과를 거두었다. 그러나 환자의 증상이 일단 개선되었다 하더라도 다시 '나쁜 것'이 마음 깊은 곳을 억압하면 환자는 얼마든지 같은 병에 걸릴 수 있었다.

예를 들어 자신 안의 성욕에 대해 죄의식을 느끼는 사람은 사회적 가치관이나 스스로의 생각이 확 바뀌지 않는 한 또다시 성욕을 억압하기 마련이다.

그러므로 진정한 의미에서 환자를 병으로부터 해방시키려면 치료뿐 아니라 '예방'도 고려해야 했다.

무의식 단계의 억압된 욕구를 끄집어내 고치기보다 처음부터 욕구를 억압하지 않도록 하는 편이 환자에게는 더 도움이 될 수도 있다. '고장'을 일으키지 않는 마음을 만든다면 일일이 '수리'할 필요도 없기 때문이다.

이에 프로이트는 '구조론 모델'을 주장했다. 국소론 모델이 마음 전체를 3개 층으로 나누었다면, 구조론 모델은 '이드' '자아' '초자아'의 세 가지로 구성된다.

프로이트의 구조론 모델

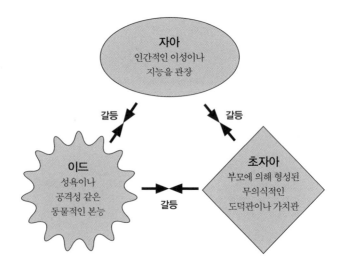

'이드'란 성욕이나 공격성 같은 동물적인 본능을 말한다. 국소론 모델의 '욕구'와 같다고 볼 수 있다.

이 욕망 덩어리를 억지로 마음속에 가둬두면 신경증으로 발전한다고 보는 부분도 국소론 모델과 동일하다.

한편 '자아'는 인간적인 이성을 의미한다고 할 수 있다. 프로이트의 비유에 따르면 이드는 '말'이고 자아는 '기수'와 같다.

성욕이나 공격성 등의 욕구를 풀어두면 짐승처럼 행동하기 때문에 말을 조종하는 기수처럼 자아는 이드를 제어한다. 이드와 자아의 관계는 개인마다 다른데 그중에는 힘의 균형이 깨진 사람도 있다. 이드가 강하면 욕구를 제어하기가 힘들기 때문에 강한 자아를 가질 필요가 있다.

그러나 자아가 제어해야 하는 것은 이드만이 아니다. 자아의 또다른 상대는 '초자아'다.

초자아란 부모에 의해 형성된 도덕관과 가치관을 말한다. '그런 일을 하면 안 돼' '너는 이런 사람이 되어야 해'같이 성장 과정에서 주입된 부모의 가르침은 어른이 된 뒤에도 마음속에 자리 잡아 이드와 자아에게 '이것은 안 돼'라며 계속 금지 명령을 내린다.

프로이트는 부모의 영향을 중요시했는데, 눈에 보이지 않는 '완고한 아버지'가 마음속에서 계속 설교하는 모습을 떠올리면 쉽게 이해할 수 있을 것이다.

자아를 단련해서 강한 마음을 만들려면

이드, 자아, 그리고 초자아.

이 세 가지가 마음속에서 항상 다투다 서로 균형이 깨졌을 때 신경증에 걸린다는 것이 구조론 모델의 기본적인 개념이다.

그 균형을 바로잡으려면 자아를 단련해야 한다. 날뛰는 말 같은 이드를 제어하는 것뿐 아니라 초자아의 지나친 금지 명령에 대항하는 것도 자아의 역할이다.

늘 얌전한 이드가 좋은 것만은 아니다. 때로는 활발하게 움직일 필요도 있다. 그런데 초자아의 금지 명령이 너무 엄하면 이드가 필요 이상으로 억압돼버린다. 이를 방지하려면 자아가 초자아의 금지 명령에 제동을 걸어야 한다.

그렇다면 자아를 단련해 병에 취약하지 않은 마음을 만들려면 어떻게 해야 할까?

프로이트는 자신이 어떤 이드와 초자아를 갖고 있는지 아는 것이 중요하다고 보았다. 제어해야 할 상대의 정체를 파악하면 싸우는 방법도 알 수 있기 때문이다.

그러나 환자 스스로 이드와 초자아의 정체를 알 수는 없다. 이는 무의식의 영역에 존재하므로 역시 분석가가 꿈의 해석과 자유연상법을 이용해 그 정체를 밝혀낸 뒤 환자에게 설명(해석)할 필요가 있다.

자아는 그 해석을 들은 환자가 이드와 초자아를 어떻게 다뤄야 하는지 자각함으로써 단련된다. 그 결과, 신경증에 잘 걸리지 않는 마음의 시스템이 완성되는 것이다.

연구자의 체험과 주관이 이론에 영향을 미친다?

지금까지 국소론 모델부터 구조론 모델까지 프로이트의 이론을 간단히 살펴보았다. 물론 마음이 어떤 구조로 이루어져 있는지는 눈으로 확인할 수 없기 때문에 양쪽 모두 가설에 지나지 않는다.

그러나 임상심리학의 목적은 '일반적인 마음의 구조를 밝히는 것이 아니라 마음의 병을 치료하는 것이므로 치료에 도움이 된다면 가설이라도 충분히 의미가 있을 것이다. 전의식이나 무의식, 이드나 초자아 등의 존재를 전제로 환자를 치료하고, 그로 인해 신경증의 증상이 개선된다면 그 이론은 성공적이라고 할 수 있다.

그렇지만 '치료에 효과가 있다'와 '이론이 옳다'는 같은 의미가 아니다. 국소론이건, 구조론이건 그 이론 모델이 옳다는 것을 객관적으로 증명할 수 없기 때문에 '납득하기 어렵다'는 비판과 반론도 당연히 제기된다.

본래 정신치료 이론에는 연구자 개인의 주관이 강하게 반영되곤 한다. 본인이 자란 환경이나 그에 따라 형성된 세계관 등에 의해 이론이 다소 편향되는 것은 어쩔 수 없는 일이다.

프로이트의 이론에도 그런 면이 있었다.

이를테면 프로이트는 '억압된 성욕'을 신경증의 원인으로 중시했는데 이는 그 자신의 성격과도 깊은 관련이 있어 보인다.

프로이트는 섹스에 있어 매우 금욕적인 인물이었다고 한다. 전하는 말에 따르면 프로이트는 평생 동안 아내 외의 여성을 알지 못했다고 한다.

또한 친아버지와의 관계도 프로이트의 이론에 영향을 미쳤다.

프로이트는 마음속에서 갖가지 금지 명령을 내리는 '초자아'는 어린 시절에 부모가 주입한 도덕관이나 가치관에 의해 형성된다고 주장했다. 유소년기의 환경은 사람마다 다르므로 어머니, 형제, 자매, 교사 등에게 강한 영향을 받는 경우도 있겠지만 프로이트는 자신이 엄격한 아버지 밑에서 자랐기 때문에 '초자아=완고한 아버지'라고 생각했던 것이다.

아이가 발달 과정에서 경험하게 되는 '오이디푸스 콤플렉스'라는 개념도 자신과 아버지의 관계를 바탕으로 생각해낸 것이다.

오이디푸스 콤플렉스란 엄마를 소유하려는 아이가 부친에게 강한 경쟁심을 갖게 되면서 생겨나는 마음의 갈등을 말한다.

아버지에게서 엄마를 뺏고 싶은 남자아이에게 부친은 '연적'과 다름없게 느껴질 것이다. 그래서 없애버리고 싶지만 엄마에게 응석만 부리는 아이는 '네 남근을 잘라내겠다'고 위협하는 강한 아버지를 당할 수가 없다. 실제로 그런 말로 위협하지 않더라도 대부분의 남자아이가 아버지와의 관계에서 그런 '거세 불안'을 느낀다는 것이 프로이트의 생각이었다.

그래서 아이는 아버지를 이길 수 있는 남자가 되기 위해 공부와 운동으로 자신을 단련하게 되는데, 그 시기에 마음이 성장하고 초자아가 형성된다. 그렇게 해서 아버지라는 장벽을 뛰어넘지 않으면 어른이 된 후 마음의 병에 걸리기 쉽다는 것이 프로이트가 제창한 오이디푸스 콤플렉스 이론이다.

프로이트는 자신의 마음을 분석하는 '자기분석'을 통해 이 이론에 도달했다. 자신이 어머니에게 사랑받던 유소년기에 '아버지를 죽이고 싶다'는 욕구를 품고 있었다는 사실을 깨달은 것이다. 어쩌면 그는 엄격한 아버지로부터 실제로 '거세 위협'을 받았는지도 모를 일이다.

프로이트와 아들러 이론의 근본적인 차이

그러나 심리학 연구자가 모두 프로이트와 같은 환경에서 자란 것은 아니므로 이러한 주관적인 이론을 받아들이기 힘들어한 사람들도 있었다. 프로이트의 공동 연구자 중에서도 성욕 이론이나 오이디푸스 콤플렉스 이론에 의문을 품은 이들이 있었는데, 아들러도 그중 한 명이다.

아들러는 수요 심리학 모임에 참가하여 프로이트로부터 여러 중요한 직무를 부여받지만 애당초 그는 프로이트의 '제자'가 아니었다. 아들러는 자기 나름대로 이론을 정립하여 저작과 논문으로 정리하고 있었다.

그중에서도 특히 중요한 것은 '기관 열등성organ inferiority'이라는 개념이다.

아들러는 인간은 모두 자신이 '타인과 대등'하다고 느끼고 싶은 욕구를 갖고 있다고 생각했다. 유소년기부터 키가 작다, 몸이 약하다, 걸음이 늦다, 서툴다 등 타인보다 열등한 부분이 있으면 그 욕구가 충족되지 않는다.

이를 방치하면 자신이 타인보다 가치가 낮은 인간이라고 생각하게 되고 자존감이 낮은 인간으로 자라게 된다. 그런 '열등감'이 강하면 신경증에 걸리기 쉽다는 것이 아들러의 생각이었다.

물론 열등한 점이 있는 모든 사람이 낮은 자존감을 가진 것은 아니다. 반대로 그런 열등감을 극복하기 위해 노력하여 불가능한 것을 이룸으로써 자신감을 갖게 되는 경우도 있다.

아들러가 이 '열등콤플렉스'의 개념을 생각하게 된 배경에도 프로이트와 마찬가지로 개인적인 체험이 있다. 아들러는 어린 시절부터 몸이 약했고 구루병으로 고생했다.

다리 등의 뼈가 휘어 변형되고 병이 진행되면 걷기 힘들어지기 때문에 아들러는 자유롭게 움직이지 못했다. 한편 아들러에게는 건강한 형이 있었는데 형은 자유롭게 움직이는 데 전혀 문제가 없었다. 자신에게는 어려운 일을 쉽게 해내는 형을 보며 아들러는 강한 열등감을 갖게 된 듯하다.

그러나 아들러는 연습을 통해 산에도 오를 수 있게 되는 등 그 열등감을 극복하기도 했다.

열등콤플렉스를 중시하는 아들러의 이론은 성욕을 중심으로 하는 프로이트의 이론과 상당히 차이가 있다. 아이가 오이디푸스 콤플렉스를 극복하는 과정에서 자기 마음을 단련한다고 주장한 프로이트에 반해 아들러는 열등감을 극복하여 타인과 대등하거나 그보다 나은 인간이 되기 위해 스스로를 단련함으로써 건강한 마음을 갖게 된다고 생각했다.

그래서 아들러는 종종 프로이트의 이론에 이의를 제기했다. 성욕 이론이나 오이디푸스 콤플렉스 이론을 완전히 부정하지는 않았지만 그 두 가지 모두 심리의 일부에 불과하며 프로이트의 견해와는 달리 큰 문제가 아니라고 주장했다.

프로이트와 아들러 두 사람의 생각은 꽤 일찍부터 차이를 보였다고 할 수 있다.

제2장 **충돌하는 심리학**
– 그리고 모두 프로이트에게서 멀어졌다?

다윈주의의 영향이 강한 프로이트의 이론

유아기의 신체적인 핸디캡이 성격에 미치는 영향에 대해 논한 아들러의 『기관 열등성과 신체적 보상에 관한 연구Study of Organ Inferiority and Its Physical Compensation』는 1907년에 발표되었다.

아들러가 빈 정신분석학회 회장에 취임한 것이 1910년의 일이므로, 프로이트가 아들러의 연구 자체를 거부했던 것은 아니다. 당초에는 오히려 칭찬했던 것으로 보인다. '욕구'를 신경증의 원인으로 보는 점은 프로이트의 이론과 일치하기 때문에 어쩌면 자신의 영향을 받아 쓰인 책이라고 생각했을지도 모른다.

그러나 1911년경부터 두 사람의 대립은 표면화되었다. 프로이트는 신경증의 원인으로서 성적 욕구의 억압을 중시했지만 아들러는 그것이 신경증의 여러 원인 중 하나일 뿐이라며 그보다는 열등감의 영향을 더욱 강조했다. 프로이트는 아들러의 그런 태도를 받아들일 수 없었다.

게다가 프로이트와 아들러 사이에는 큰 차이점이 하나 더 있었다. 그것은 인간의 마음을 '사회'와의 관계 속에서 보느냐의 여부다.

다시 말해 이는 '인간을 다른 동물과 마찬가지의 존재로 인식해야 하는가'의 문제라고 할 수 있다. 사회적인 관계 속에서 각 개체의 성질이 정해지는 존재는 인간이 유일하기 때문이다.

프로이트는 인간을 특별한 존재로 보지 않았다. 이는 프로이트가 다윈의 진화론(『종의 기원』은 1859년에 출판)으로부터 영향을 받았기 때문이다.

인간이 원숭이로부터 진화했다고 주장하는 다윈주의는 생물 중에서 인간만을 특별한 존재로 여기지 않는다. 진화론이 등장하면서 '인간은 동물과 다른 존재'라는 생각은 비과학적인 태도로 간주되었다.

프로이트가 인간의 본능적인 욕구에 주목하게 된 것도 다윈주의의 영향이 컸기 때문일 것이다. 특히 성욕은 '동물로서의 인간'에게 매우 근원적인 욕구다.

이는 프로이트뿐 아니라 수많은 정신병리학(마음의 병의 구조를 논할 때, 뇌의 하드웨어보다 소프트웨어의 문제라고 여기는 학문)의 공통된 특징이다. 그들은 철이 들 때까지 자란 환경이나 양육 방식에 따라 인간 마음의 형태가 정해진다고 본다. 태어나서 수년 동안 무언가 문제가 있으면 성인이 된 후 마음의 병에 걸리기 쉽다는 것이다.

프로이트는 그 기간을 대략 여섯 살까지로 보았는데 이후의 다른 연구에서는 '생후 3개월까지'로 보는 이론도 있다.

어떤 의미에서 인간다운 이성이나 사고력을 갖추기 이전의 유아는 동물에 가까운 존재다. 따라서 이 또한 성욕처럼 본능적인 욕구에 주목하는 것과 같은 발상이다. 이른바 '인간다움'과는 관계없는 것에 의해 마음의 움직임이 좌우된다고 생각하는 것이다.

사회적인 영향을 중시한 아들러

프로이트와는 달리 아들러가 중시했던 '열등감'은 갓 태어난 유아에게서는 나타나지 않는다. 타인과 자신을 비교하는 과정에서 생겨나는 열등감은 인간이 어느 정도 사회성을 갖게 된 이후에 마음에 영향을 미치기 때문이다.

수많은 인간이 서로 관계를 맺으면서 만들어가는 '사회'가 없다면 아마 열등감도 존재하지 않을 것이다. 개나 고양이 같은 동물에게는 열등감이 없다. 열등감은 동물적인 본능과 상관없는 인간 특유의 사회적인 영향에서 비롯된다.

이 열등콤플렉스를 포함하여 아들러의 이론은 사회가 인간의 정신에 미치는 영향을 중시한다. 그런 점에서 인간을 어디까지나 동물의 한 부류로 생각한 프로이트 이론과는 근본적으로 다른 발상이다. 자세한 내용은 뒤에서 설명하겠지만 오늘날의 심리치료사들은 거의 마음의 질병을 '대인관계의 병'으로 보기 때문에 아들러의 심리학은 그 선구자라고 할 수 있다.

아들러는 처음부터 사회 문제에 관심이 많았다.

1898년에 최초로 발표한 아들러의 저작은 『재단사를 위한 건강서Health Book for the Tailor Trade』라는 공중위생에 관한 소책자로, 심리학과는 관련이 없었다. 이것은 질병과 사회적인 요인의 관계를 연구하는 '사회의학' 분야의 책이다.

아들러는 빈곤층이 자주 찾는 진료소에서 일한 적이 있는데, 그곳에서 그는 열악한 노동환경 때문에 결핵이나 위통 등으로 고통받는 재단사들을 보았다. 아들러가 마음의 질병과 사회의 관계에 주목하게 된 것은 그 같은 경험이 영향을 미쳤기 때문은 아닐까?

또한 아들러는 사회주의에도 관심이 있었는데, 그는 러시아 출신인 그의 아내와 사회주의 연구회에서 만났다고 한다.

아들러의 아내인 라이사는 볼셰비키 혁명가로 유명한 트로츠키와도 친분이 있을 정도로 열렬한 사회주의자였다. 직접 사회운동에 뛰어들지는 않았지만 아들러가 사회 문제에 관심이 많았던 것

아들러의 청소년기 모습이다. 그 옆은 아내가 된 라이사.

만큼은 분명하다.

어쨌든 아들러의 심리학은 기본적으로 인간을 사회적 존재로 보았다. 그러므로 본능적인 욕구가 질병의 원인이라고 하는 프로이트의 심리학과 아들러 심리학은 근본적으로 대립할 수밖에 없다. 두 사람의 대립은 갈수록 심해졌고 1911년 마침내 아들러는 빈 정신분석학회를 탈퇴했다.

같은 해 아들러는 스스로 '자유정신분석학회'를 설립했고 이듬해에는 그 명칭을 '개인심리학학회'로 바꿨다. 이를 거점으로 아들러는 자신의 심리학을 본격적으로 체계화하게 된다.

프로이트 이론과 선을 그은 '개인심리학'의 확립

그렇다면 아들러가 확립한 '개인심리학'이란 어떤 심리학일까?

앞서 언급했듯이 프로이트의 정신분석학도 '마음의 형태는 사람마다 제각각 다르다'는 점을 전제로 한 것이므로, '개인'을 상대로 한다는 점에서는 아들러와 차이나지 않는다.

그러나 이 '개인심리학'이라는 명칭은 프로이트의 이론과는 다른 의미를 포함하고 있다. 본래 '개인individual'이란 '분할할 수 없다'는 의미다. 국가, 지역, 조직, 가족 등 인간의 무리는 각각의 개인으로 분할할 수 있지만 개인은 더 이상 분할할 수 없다.

그러나 개인을 더욱 분할해서 부분별로 이해하려는 움직임도 있다.

예를 들면 인간의 '정신'과 '육체'를 별개로 구분하여 생각하는 사람도 있다. 이 정신을 더욱 세분해서 '이성'과 '감정'으로 나누어 생각할 수도 있다. 프로이트는 인간의 마음을 세 부분으로 나누었다. 국소론에서는 '의식, 전의식, 무의식'으로, 구조론에서는 '이드, 자아, 초자아'로 나누어 이해하려고 했다.

그러나 아들러는 프로이트의 이론에 동의하지 않고 '개인'의 원래 의미처럼 인간을 '더 이상 분할할 수 없는 존재'로 보았다. 각각의 개인을 통일된 하나의 존재로 보는 것이 아들러의 개인심리학이다.

그러므로 당연히 아들러는 개인의 마음을 사회와의 관계성에서 이해하려 했다. 인간을 더 이상 분할하지 않기 때문에 마음속에서 이드와 자아, 초자아가 서로 관계를 맺고 있다는 프로이트의 이론에도 동의할 수 없었다.

인간의 마음을 연구하려면 '전체로서의 인간'과 그 외부에 존재하는 '사회'가 맺는 관계를 봐야 하는 것이다.

실제로 아들러는 '개인은 오직 사회적인 관계 안에서만 개인으로 존재한다'고 말했다. 따라서 마음의 병을 앓는 환자 개인만을 관찰해서는 그에게 어떤 일이 일어났는지 알 수 없다. 그 사람이 놓인 사회적 관계 속에서 이해해야 한다. 이는 실감하기 힘든 무의식의 세계를 이야기하는 프로이트의 이론에 비하면 누구나 쉽게 이해할 수 있는 것이다.

아들러는 '인간의 고민은 모두 대인관계의 고민'이라고 말한다. 일상생활에서 받는 스트레스의 원인이 무엇인지 생각하면 쉽게 납득된다.

'의식' 수준의 세계를 취급하는 대인관계론

대인관계를 중시하는 임상심리학으로는 미국의 해리 설리번이 유명하다. 아들러보다 22세 연하인 설리번은 프로이트의 영향을 받

설리번은 프로이트의 이론을 수정해 대인관계를 바탕으로 한 정신분석을 발전시켰다.

았지만 그 이론을 수정하여 '정신의학은 대인관계의 학문'이라고 말했다. 본인은 스스로를 정신분석가라고 했지만 실제로 그가 행하는 치료는 아들러의 심리학에 가깝다는 의견도 있다.

정신분석학은 기본적으로 무의식의 교류를 중시하므로, 의식의 교류를 중시하는 대인관계론을 '얄팍하다'고 비판하는 사람도 많다. 무의식의 세계를 취급하는 정신분석이 더 고상한 학문이라는 자부심을 갖고 있기 때문이다.

그러나 일반인들에게는 역시 의식 수준의 세계를 취급하는 대인관계론이 훨씬 알기 쉽다.

실제로 심리학 분야의 베스트셀러도 대인관계론을 취급하는 학파에서 많이 나온다. 설리번의 책들은 별로 유명하지 않지만 널리 알려진 『자유로부터의 도피』를 쓴 에리히 프롬은 설리번의 제자였다.

아들러에게도 『인간이해Menschenkenntnis』라는 대중을 대상으로 저술한 책이 있는데, 이 책은 1927년 출간되자마자 10만 부가 팔린 베스트셀러다.

그에 반해 프로이트의 저작 중 가장 많이 판매된 『꿈의 해석』은 출간된 1900년부터 1932년까지 겨우 1만7000부가 팔렸다. 물론 책이 많이 팔려야 심리학으로서 가치

독일에서 나온 『인간이해』 최신판. 이 책은 판을 거듭하며 스테디셀러의 명성을 이어가고 있다.

가 있는 것은 아니지만(조잡한 심리학 책이 종종 베스트셀러가 되기도 하다), 의식 수준의 대인관계를 다루는 심리학이 훨씬 이해하기 쉽다는 사실은 부정할 수 없다.

아들러의 심리학은 이후 카네기의 『카네기 인간관계론』 같은 자기계발서에도 커다란 영향을 미쳤는데, 이 점에서도 아들러의 심리학은 '누구나 이해하기 쉬운 실용적인 심리학'이라 할 수 있다.

아들러 역시 '원인론'에서 출발했다

앞서 소개한 '열등콤플렉스'라는 아들러 심리학의 개념도 누구나 쉽게 이해할 수 있는 것이어서 '콤플렉스'는 '열등감'이라는 의미로 쓰일 정도로 일반에 널리 퍼졌다.

'저 사람은 운동을 잘 못 하기 때문에 열심히 공부해서 명문 대학에 합격했다'거나 '저 녀석은 젊은 시절 인기가 없었기 때문에 사업에서 성공했다'는 등 우리는 종종 열등감을 들어 타인의 행동을 설명하곤 한다. 그러면 타인의 마음이 '움직이는 이유'를 이해하기 쉽기 때문이다.

그래서 아들러의 견해는 일반 대중에게도 호평을 받았다. 실례로 아들러가 뉴욕을 방문했을 때 한 인터뷰에서 독재자로 악명 높은 히틀러와 무솔리니에 대해 '어린 시절의 열등감이 그들 행동의 원인'이라고 설명하자 많은 사람이 수긍했다고 한다.

물론 아들러가 열등감을 들춰내서 상대방을 비난하려는 것은 아니었다. 열등콤플렉스는 아들러 심리학의 기본 개념이고 아들러 자신에게도 어린 시절의 열등감이 노력의 원천이 되었다. 그러므로 이는 히틀러나 무솔리니와 같은 인물에게만 해당되는 이야기가 아니다.

아들러는 인간은 누구나 '무력한 상태에서 벗어나 뛰어난 존재가 되고 싶다'는 욕구를 갖고 있다고 여겼다.

우월성을 추구하기 때문에 열등감도 생기는 것이다. 따라서 열등감 자체는 병적인 것이 아니라 모든 인간이 갖고 있는 일반적인 심리다.

중요한 것은 먼저 '우월하고 싶다'는 욕구가 있고, 이로 인해 열등감이 생긴다는 점이다. 열등감이 먼저 존재하고 그것을 극복하여 우수한 인간이 되려는 것이 아니다.

앞서 말한 것처럼 프로이트와 아들러 이론은 '원인론'이냐, '목적론'이냐라는 큰 차이가 있다. 만약 '인간은 열등감을 느끼기 때문에 우월한 존재가 되려고 한다'고 생각한다면 그것은 프로이트와 같은 원인론이다.

처음에는 아들러도 '열등감이 인간을 움직인다'는 형태의 원인론을 생각했다. '기관 열등성이 있는 인간은 자신의 신체적인 약점을 노력으로 보완한다'는 개념이다. 아들러 자신이 겪은 유년기의 체험뿐 아니라 처음 근무했던 진료소에서의 경험도 이러한 발상의 계기가 되었다.

아들러가 근무한 진료소는 유원지 부근에 있었는데, 진료소의 주된 환자는 유원지에서 일하는 곡예사들이었다. 곡예사라는 직업상 그들은 모두 단련된 건강한 몸을 갖고 있었지만 이야기를 들어보니 그들 중에는 본래 몸이 약했던 사람이 적지 않았다. 약한 몸을 강하게 단련하기 위해 그들은 혹독한 훈련을 해야만 했다.

그들의 모습을 보고 아들러는 '육체적인 열등감이 있었기에 몸을 단련하여 곡예사가 될 정도로 강해졌다'고 생각했다. 아들러는 기관 열등성의 극복을 '보상', 그 열등성이 우월성으로 바뀌는 것을 '과보상overcompensation'이라 불렀다.

그러나 아들러는 나중에 이러한 원인론의 개념을 수정했다. 인간의 행동은 '원인'이 아니라 '목적'으로 설명하는 편이 낫다는 사실을 깨달았기 때문이다. 실제로 육체적인 나약함에 열등감을 느끼는 모든 사람이 몸을 단련하는 것은 아니기 때문이다. 몸을 단련하는 이들에게는 '육체적으로 우월한 인간이 되고 싶다'는 목적이 있는 것이다.

문제 행동의 '목적'은 무엇인가?

아들러가 특히 힘을 쏟았던 육아나 교육을 생각하면 행동의 원인이 아니라 목적에 주목하는 의미를 이해하기 쉽다.

아들러는 제1차 세계대전이 끝난 뒤 육아와 교육에 많은 관심을 갖게 되었는데 아마도 전쟁으로 황폐해진 빈에서 심각한 청소년 문제가 대두되었기 때문인 듯하다. 아들러는 빈 시의회에 제의하여 공립학교에 아동 상담소를 설립한 뒤 상담을 시작했다.

따돌림, 소매치기, 교내 폭력, 가정 폭력 등의 문제 행동을 일으키는 청소년을 상대할 때, 대개는 그들 행동의 '목적'을 밝히기보다는 '그런 짓을 하는 이유는 마음이 비뚤어졌거나 상처를 입은 탓이다' '아직 마음이 성숙하지 못했기 때문이다' 등 왜 그런 마음을 갖게 되었는지 '원인'을 찾으려고 한다.

심리치료도 예외가 아니다. 많은 심리치료사가 문제 행동의 원인을 찾고자 했다. 프로이트처럼 인간의 심리는 유아기에 정해진다는 생각이 깊게 뿌리내리고 있었기 때문이다. 문제 행동을 하는 청소년은 어린 시절 양육에 문제가 있었던 탓에, 가령 부모의 애정이 부족해서 마음이 올바르게 발달하지 않았다고 생각한다. 따라서 청소년의 문제 행동을 바로잡으려면 심리치료를 통해 '마음을 재정립'하거나 또는 '마음을 단련'해야 한다고 보았다.

아들러도 유아기의 환경이 심적 발달에 영향을 미친다는 사실

을 부정하지는 않는다. 다만 그것은 '과거'에 일어난 일이므로 이제
와서 바꾸기는 불가능하다. 심리치료사가 아무리 환자의 '마음을
재정립'하려 해도 과거의 영향에서 완전히 벗어날 수는 없다. 게다
가 앞서 언급한바 어린 시절에 유사한 경험을 한 사람 모두가 문제
행동을 일으키는 것도 아니다.

아들러는 그렇다면 과거가 아닌 '현재'와 '미래'에 주목하는 편이
낫다고 판단했다. 과거의 경험을 바꿀 수는 없지만 현재와 미래의
행동은 바꿀 수 있기 때문이다.

행동이 바뀌면 마음도 바뀐다

문제 행동을 하는 아동의 목적에 주목하여 그 아동을 변화시키려
면 어떻게 해야 할까?

서장에서도 언급했지만 문제 행동을 하는 어린이는 부모나 교사
가 아무리 혼을 내도 그 행동을 좀처럼 멈추려 하지 않는다.

원인론에 집착하다 보면 결국 '아무리 혼을 내도 고쳐지지 않는
건 부모의 양육 방식에 큰 문제가 있기 때문'이라거나 '아이의 마
음이 비뚤어진 것은 애정 결핍 때문'이라고 생각할 수 있다. 그래서
'더욱 애정을 쏟아 붓자'는 결론을 내리게 된다.

그러나 목적론의 입장에서는 다른 결론에 도달한다. 아무리 혼

을 내도 문제 행동이 고쳐지지 않는 이유는 부모나 교사에게 주목을 받는 것 자체가 그 문제 행동의 목적일 수 있기 때문이다.

그렇다면 당연히 아이는 혼이 나면 날수록 문제 행동을 멈추지 않을 것이다. 아동의 행동을 바꾸고 싶다면 애정을 쏟기보다는 오히려 무시하는 편이 효과적일 수 있다.

그렇게 되면 '비록 문제 행동은 없어지더라도 비뚤어진 아이의 마음은 그대로'라며 걱정하는 사람도 있을 것이다.

하지만 인간이 얼마나 신기한 존재인가 하면, 행동이 바뀔 경우 마음까지 바뀌기도 한다.

나쁜 일을 해도 주목받지 못하게 된 아이는 목적을 달성하기 위해 좋은 일을 해서 부모나 교사에게 칭찬받으려 할지도 모른다. 그런 식으로 행동이 바뀌면 마음도 변화하게 된다.

아울러 감정과 행동의 관계도 목적론의 입장에서 보면 반대가 된다. 예를 들어 자녀나 부하 직원을 심하게 꾸짖었다고 하자. 이럴 때, 보통 원인은 '분노한 감정'이고, 결과는 '꾸짖는다'는 행위라고 생각한다.

그러나 아들러 심리학의 목적론에 따르면 '상대를 위압한다' '상대에게 자신의 말을 듣게 한다'는 목적이 먼저 존재한다. 그 목적을 달성하기 위해 분노라는 감정을 만들어 이용하는 것이다. 즉, 감정은 행동의 '원인'이 아니라 목적을 이루기 위한 '수단'이라 할 수 있다.

이렇게 보면 행동이 바뀌면서 아이의 마음이 바뀌는 것 또한 그리 이상한 일은 아니다. 부모나 교사에게 칭찬받기 위한 행동을 하려면 먼저 그에 걸맞은 마음을 갖고 있어야 하기 때문이다.

'성욕론'에 비판적이었던 융의 속사정?

지금까지의 이야기를 통해 아들러의 이론이 프로이트와 얼마나 다른지 이해했을 것이다.

성욕과 같은 본능보다는 사회와의 관계를 중시한다는 점, '개인'을 더 이상 분할하지 않고 전체로서 본다는 점, 그리고 원인론이 아닌 목적론에서 생각한다는 점. 이러한 차이 때문에 두 사람은 필연적으로 서로 다른 길을 갈 수밖에 없었다.

그런데 프로이트학파는 오늘날까지 정신의학계에서 커다란 영향력을 행사하고 있는 반면 아들러는 그렇지 않다. 아들러 외에도 프로이트에게서 멀어진 연구자는 몇 사람 더 있었다. 아들러와 함께 프로이트에게 중용된 융도 그중 한 명이다.

융이 프로이트와 멀어진 이유는 성욕을 중시하는 프로이트의 이론에 비판적이었기 때문이다. 이 점은 아들러와 비슷하다. 그러나 융의 방향성은 아들러와 다르다. 아들러가 성욕보다 열등콤플렉스를 중시한 데 비해 융은 '무의식'을 중시했다.

인간의 마음에 인류 보편의 원형이 존재한다고 본 카
를 구스타프 융(1875~1961)

물론 그가 '무의식의 발견자'인 프로이트를 무시한 것은 아니다.

그러나 국소론 모델의 주인공이었던 무의식이 구조론 모델에서
는 조역이 되어버린 점에서 알 수 있듯이 프로이트 연구의 중심 테
마는 성욕이다. 융은 프로이트가 구조론 모델로 변경하기 전에 프
로이트에게서 멀어졌지만 수요 모임에 들어갔을 때부터 무의식에
관한 연구에 집중하고자 했던 융은 어떤 일이건 성욕으로 설명하
려는 프로이트의 생각에 더 이상 동조할 수 없었던 게 아닐까?

또한 성욕을 중시하는 프로이트의 이론에 위화감을 느끼게 된
데에는 융의 개인적인 성향도 작용한 것으로 보인다.

프로이트는 섹스에 금욕적이었지만 융은 자유분방한 남녀관계
를 즐기는 타입이었다. 융은 본처와 애인을 같은 집에서 살게 했을
정도로 프로이트와는 사뭇 대조적인 생활을 했다. 섹스에 대해 개
방적이었던 융이었기에 억압된 성욕이 마음에 미치는 영향을 이해

하기 어려웠을 수도 있다.

프로이트학파에서 떨어져 나온 이후 융은 자신의 학설을 '분석심리학'이라 명명하고 무의식과 마음속의 이미지를 중심으로 독자적인 이론을 발전시켰다.

융의 이론에는 프로이트나 아들러와는 다른 커다란 특징이 있다. 그것은 인간의 마음에 '원형'이라 불리는 인류 공통의 부분이 있다고 주장한 점이다. 융의 견해에 따르면 이 '원형'은 모든 인간이 선천적으로 갖고 있는 보편적이고 집합적인 무의식이며, 서양이건 동양이건 그 내용은 동일하다. 이는 개별성을 중시한 프로이트나 개인을 분할할 수 없는 전체적인 존재로 본 아들러에게서는 찾아볼 수 없는 발상이다.

물론 융도 마음의 모든 부분이 전 인류에 공통된다고 생각하지는 않았다. 개인의 마음에는 후천적인 무의식의 영역이 있다고 보았는데, 융은 그것을 '콤플렉스'라 불렀다. 여기서의 콤플렉스는 본인이 의식하지 못하는 것이므로 아들러의 '열등콤플렉스'와는 전혀 다르다.

만년의 융은 콤플렉스에 관한 연구보다 '원형'의 정체를 추구하는 데 집중했다. 그 실마리로 삼았던 것이 세계 곳곳의 신화와 고대 사상이다. 여기에 공통된 이미지나 개념의 패턴 등이 존재한다면 인류 보편의 무의식이 투영되어 있다고도 여길 수 있다. 그중에서도 특히 융은 중국의 도교와 일본의 선禪 등 동양 사상에 깊은 관심을 보였다.

프로이트에 반기를 든 '무서운 제자들'

프로이트의 제자들 중에는 융과 반대로 성욕론을 확대 해석하여 독자적인 방향으로 전개한 사람도 있다. 바로 빌헬름 라이히다.

프로이트는 성욕의 억압이 신경증의 원인이라고 했지만 그렇다고 '성욕을 억압해서는 안 된다'고 주장하지는 않았다. 그는 날뛰는 말과 같은 이드를 자아라는 기수가 제어하는 것이 중요하며, 이를 위해 자아를 단련해야 한다고 생각했다.

그러나 라이히는 이드야말로 자연 본래의 모습이라고 주장하며 점차 자아의 역할을 부정했다. 나아가 신경증은 성욕 에너지가 억압되어 생긴 병이므로 성욕 에너지를 해방시키기만 하면 건강해질 것이라고 주장했다.

다시 말해 오직 성적인 쾌락을 추구하면 신경증에 걸리지 않으며 그것이 인간 본래의 모습이라는 것이다. 이런 라이히의 이론은 극단적인 주장이었다. 성욕을 중시하는 프로이트조차도 라이히의 생각에는 비판적이었다.

과격한 주장을 멈추지 않았던 라이히는 결국 정신분석의 세계에서 쫓겨났다. 그 후 미국에서 수상한 의료기기를 판매하다 투

옥되었고 옥중에서 사망했다. 그로부터 수십 년 뒤에 '프리 섹스'를 주장하는 히피들에게 주목받으면서 성의 해방을 주장한 라이히의 책은 그들에게 열렬한 환영을 받기도 했다.

라이히 외에 프로이트에게는 '무서운 제자들'이라 불리는 제자가 두 명 더 있었는데, 오토 랑크와 샨도르 페렌치다.

랑크는 아들러가 소개한 인물로 20년 동안 프로이트를 가까이서 보필했지만 마지막에는 라이히와 마찬가지로 파문이나 다름없는 형태로 프로이트를 떠났다. 사제의 연을 끊은 계기가 된 것은 랑크가 주장한 '출산외상설'이었다.

출산외상설이란 말 그대로 인간은 모친에게서 태어날 때 '마음의 상처'를 입는다는 주장이다. 다시 말해 랑크는 인간의 심적 발달에서 모자관계를 중시한 것이다. 이는 오이디푸스 콤플렉스나 초자아 등 부자관계 중심의 프로이트 이론과는 모순된다.

또한 랑크는 환자를 치료할 때 '공감'이 중요하다고 생각했다. 인간은 처음부터 마음에 상처를 입은 상태에서 태어나기 때문에 분석가가 그 상처를 치유해야 한다는 것이다.

게다가 인간의 발달 목표는 이 외상을 거부하는 의지력을 갖게 되는 것이라고 했는데, 이는 결국 의식 수준의 유지에 관한 이야기이므로 이후 칼 로저스 등의 상담 실제에 커다란 영향을 미치게 된다.

이는 훗날 미국 정신분석학계의 주류가 된 하인즈 코헛의 이론과 유사한 부분이 있지만 프로이트의 방법과는 맞지 않는다.

정신분석가는 '외과의'처럼 환자를 대하는 것이 적절하다는 게 프로이트의 생각이었다. 오직 객관적으로 환자를 관찰하고 무의식과 이드의 상태를 해석하는 것이 분석가의 역할이며, 환자의 마음에 공감한다는 것은 있을 수 없는 일이었다. 이를 분석가의 '중립 원칙' 혹은 '금욕 원칙'이라고 한다.

금욕 원칙이라는 용어는 자칫 오해하기 쉬워서 '정신분석가는 환자를 연애나 섹스의 대상으로 봐서는 안 된다'는 의미로 받아들이는 사람도 있지만 그런 뜻이 아니다. 환자의 상황에 대해 감정을 갖지 말라는 뜻이다.

또한 의식 수준이나 의지를 중시한 랑크의 치료 이론은 무의식이나 자아를 중시하는 프로이트 이론과 공존할 수 없었을 것이다.

또 한 사람의 '무서운 제자'였던 페렌치도 랑크와 마찬가지로 환자를 애정으로 치료해야 한다고 보는 입장이었다. 그는 때로는 환자를 안아주거나 환자에게 키스하는 일도 있었다고 한다.

게다가 페렌치는 프로이트의 오이디푸스 콤플렉스 이론도 받아들이지 못했다. 이는 페렌치 자신이 친모와 유모에게 학대받으며 자란 개인적인 경험 때문이라고 하는데, 아마 그래서 랑크와 마찬가지로 부자관계를 중시하는 프로이트의 생각에 위화감을 느꼈을지도 모른다.

만년의 페렌치는 앞서 말한 것처럼 프로이트가 현실에서는 일어나지 않는다고 생각한 심적 외상(트라우마)에 대해 연구했다. 이 또한 유소년기 자신의 경험이 영향을 미쳤기 때문이 아닌가 싶다.

이처럼 프로이트가 일선에서 활약하던 시대부터 프로이트의 이론에 의문을 품으며 그의 문하를 떠난 연구자들이 있었다.

지금도 여전히 프로이트는 임상심리학에 커다란 영향을 미치고 있지만 결코 절대적인 존재는 아니라는 사실을 이 점에서도 알 수 있다.

그리고 프로이트 사후 심리치료의 이론과 방법은 크게 변화했다.

제3장 부정된 프로이트, 잊힌 아들러

대립하는 프로이트학파, 명맥이 끊긴 아들러학파

프로이트와 아들러는 둘 다 유대인이다. 그런 까닭에 제1차 세계대전 이후 독일에 나치가 등장하자 박해를 피해 빈으로 도망칠 수밖에 없었다.

아들러는 1926년경부터 서서히 활동 거점을 미국으로 옮겼고 1935년에는 가족을 데리고 완전히 미국으로 이주했다. 아들러는 그로부터 2년 뒤 강연을 위해 방문했던 스코틀랜드에서 쓰러져 67세의 나이로 세상을 떠났다.

미국에서 아들러의 강연은 대성공을 거두었고 저서인 『인간이해』도 베스트셀러가 되었기 때문에 아들러가 사망한 후에도 그의 심리학이 미국에서 계승될 가능성은 높았다. 그러나 바로 이 시점에서 아들러의 개인심리학은 일단 명맥이 끊겼다. 아들러가 설립한 개인심리학학회의 동료 대부분이 아우슈비츠 강제수용소로 끌려갔기 때문이다.

한편 프로이트는 1938년 런던으로 망명했고 그 이듬해에 세상을 떠났다. 만년에 암에 걸렸지만 스스로에게 엄격했던 프로이트는 통증에 시달리면서도 자신이 개발에 참여한 코카인 마취에 의지하지 않고 마지막까지 계속 일을 했다고 한다. '자아를 단련한다'라는 프로이트의 심리학은 역시 그 자신의 금욕적인 성격에서 탄생한 것이라는 생각이 든다.

아들러의 개인심리학과 달리 프로이트의 정신분석학은 런던과 미국으로 망명한 제자들에 의해 계승되었다.

그러나 강력한 지도력을 갖춘 리더가 사라지면 내분이 시작되는 것이 세상사다. 미국에서는 프로이트학파(정확히 말하면 안나 프로이트학파의 자아심리학)가 인기를 끌었지만 런던에서는 두 학파가 대립했다.

한쪽은 프로이트의 딸인 안나 프로이트가 부친의 구조론 모델을 계승하여 발전시킨 '자아심리학'이다. 안나 프로이트 자신은 의사도 심리학자도 아닌 교사였다.

그래서 사춘기 심리 문제에 관심이 많았던 것으로 보이며 '자아를 단련'하는 방법을 비행 청소년 행동 교정에 응용하기도 했다.

프로이트 자신도 생전에 정신분석학을 '자아심리학'이라 불렀던 적이 있는 만큼 이는 프로이트의 직계 학설이라 할 수 있다.

안나에게는 부친이 살아 있을 때부터 논쟁하던 상대가 있었다. 멜라니 클라인이라는 여성 정신분석가다. 논쟁 당초에는 프로이트가 딸인 안나를 옹호했지만 프로이트 사후에는 클라인의 주장이 힘을 얻었다.

그 배경에는 프로이트의 첫 제자였던 어니스트 존스가 있었다. 어니스트 존스는 프로이트의 전기를 집필하기도 한 인물이지만 정신분석학이 아버지 프로이트에게서 딸인 안나 프로이트에게로 세습되는 것을 원치 않았던 듯하다. 그런 까닭에 존스는 안나보다는 클라인을 지지했다.

아동 분석의 선구자가 제창한 '좋은 젖'과 '나쁜 젖'

클라인은 원래 프로이트의 욕구론이나 무의식론 등 구조론 모델과 자아심리학 이전의 이론을 중시하는 연구자였다. 그러므로 당연히 구조론 모델을 발전시킨 안나 프로이트와는 생각이 맞지 않았다.

또한 클라인은 아동에게 정신분석을 응용한 선구자로도 유명하다. 안나와의 논쟁 역시 아동의 정신분석에 부모를 끌어들일 필요가 없다는 클라인의 주장이 발단이 되었다.

클라인이 갓난아기를 관찰하여 정립한 이론은 정통 클라인학파
뿐 아니라 영국의 주류파인 '대상관계론'이라는 학설로 발전했다.

대상관계론에서 '대상'이란 기본적으로 '어머니'를 의미한다. 대
상관계론의 창시자인 클라인은 어머니와 갓난아기의 관계를 연구
하여 심리 발달에 관한 모델을 고안했다.

클라인에 따르면 갓 태어난 아기는 부드럽게 웃어주는 어머니와
초조해하며 화를 내는 어머니가 동일 인물이라는 사실을 알지 못
한다.(이는 무의식의 수준에 해당되는 이야기다.) 둘을 각각 다른 존
재처럼 느끼는 것이다.

모유도 잘 나올 때와 그렇지 않을 때가 있는데 이때도 갓난아기
는 둘을 서로 다른 존재로 느낀다. 갓난아기에게는 '좋은 젖'과 '나
쁜 젖' 두 가지가 존재하는 것이다.

따라서 '무서운 엄마'를 보고 크게 울 때도 갓난아기는 그 상대
가 '부드러운 엄마'와 같은 인물이라는 사실을 알지 못한다. 모유가
나오지 않는 '나쁜 젖'에 화가 나서 깨물며 달려들 때도 그것이 자
신이 늘 먹던 '좋은 젖'과 같은 젖이라고 생각하지 못하는 것이다.

그뿐만이 아니다. 클라인은 대상을 '좋다' '나쁘다'로 나누어 인
식할 때, 갓난아기 자신도 '선한 자아'와 '악한 자아'로 나뉜다고 생
각했다. 즉 대상(어머니)이 동일 인물이라는 사실을 알지 못하는
동안에는 자기 자신도 하나로 통일된 존재가 되지 못한다.

클라인은 이를 '분열splitting'이라 불렀다. 마침내 마음이 발달하

여 부드러운 모친과 무서운 모친, 좋은 젖과 나쁜 젖이 동일한 존재라는 것을 알게 되면 자신이라는 존재도 하나로 통합된다.

그러나 유아기의 심리 성장이 원만하지 않으면 통합은 이루어지지 않는다. 어른이 된 뒤에도 타인에게 선한 면과 악한 면이 있다는 사실을 알지 못하고 자신도 '선한 자아'와 '악한 자아'로 분열된다.

클라인은 그런 상태를 '망상 분열 상태'라 불렀다. 이는 과거 '정신분열증'이라 불리던 조현병과는 다른 의미이지만, 그와 가까운 성격적 결함의 바탕이 된다.

이 상태에서는 주변 세상이 굉장히 무섭게 느껴지는데, 이에 바탕을 둔 폐쇄적인 성격을 대상관계론에서는 '정신분열적schizoid' 성격이라고 부른다.

'경계'에 있는 사람의 병리를 명쾌히 설명하다

프로이트의 정신분석은 애초에 신경증을 치료하는 것이 목적이었다. 신경증은 마음의 질병 중에서도 가장 가벼운 것이다.

한편 가장 무거운 것은 정신병이다. 여기에는 조현병과 조울증, 두 종류가 있는데 양쪽 다 정신분석으로는 치료할 수 없다는 것이 일반적인 생각이었다.

그리고 신경증과 정신병의 중간에 위치하는 증세를 '보더라인 borderline(경계성 인격장애)'이라 부른다. 이른바 '성격장애'를 말하는데 대상관계론에서 말하는 '정신분열적' 성격이 대개 이에 해당되는 것으로 알려져 있다.

여기에서는 클라인이 상정하는 망상 분열 상태가 커다란 역할을 하고 있다.

경계성 인격장애는 '인격이 갑자기 달라진다'는 특징을 띠는데 그 전형적인 예가 이른바 '스토커'다. 여기서 스토커는 연예인 등을 쫓아다니는 그런 행위가 아닌, 헤어진 연인의 주변을 맴도는 유형의 스토커를 가리킨다.

경계성 인격장애를 가진 사람은 상대방이 자신에게 잘 대해주는 동안에는 온화하고 착하지만 이별을 고하자마자 증오를 드러내며 하루에 수백 번씩 전화를 걸거나 집 앞에서 기다리기도 한다. 심한 경우에는 상대방을 죽이기까지 한다.

이는 마치 좋은 젖 앞에서는 '선한 자아', 나쁜 젖에게는 '악한 자아'가 되는 갓난아기와 마찬가지다. 이별을 통보받으면 상대가 어제와는 다른 사람인 듯 인식하고 자신도 다른 사람이 되어버리는 것이다.

신경증에서 경계성 인격장애로 '고객'을 바꾼 이유

이처럼 경계성 인격장애는 정신병보다는 가볍고, 신경증보다는 무겁기 때문에 프로이트 시대에는 정신분석의 대상이 아니었다.

그러던 중 1960년대 들어 경계성 인격장애를 어떻게 치료할 것인가가 정신분석의 중요한 테마가 되었다.

이는 정신분석이 그만큼 진보했기 때문이라기보다는 치료 대상을 신경증에서 경계성 인격장애로 바꿀 수밖에 없는 사정이 있었기 때문이다.

이를 촉진한 것은 약의 발달이다. 신경증의 증상을 완화하는 약이 등장하면서 정신분석은 '고객'을 잃게 되었다.

프로이트 방식의 정신분석은 45분~1시간 정도의 치료를 주 4회이상 받아야 한다. 게다가 효과가 나타날 때까지 보통 2~3년이 걸리기 때문에 환자의 부담이 크다. 따라서 저렴하고 효과가 빠른 약이 있다면 환자는 당연히 그쪽으로 옮겨갈 수밖에 없다.

신경증뿐 아니라 정신분석으로는 치료할 수 없다고 여겨졌던 조현병이나 조울증도 약으로 증상을 경감시킬 수 있게 되었다.

신경증과 정신병 모두 약이 어느 정도 효과를 발휘한다면 남는것은 경계성 인격장애밖에 없다.

임상심리학의 목적은 어디까지나 마음의 건강을 되찾는 것이다. 아무리 질병의 메커니즘이나 심리 발달 등을 설명하는 훌륭한 이론이 있다 해도 '약으로 증상이 개선된다'면 임상심리학의 존재 의의는 약해질 수밖에 없다. 경계성 인격장애를 치료힐 수 없다면 '도움이 되는 심리학'으로 존재할 수 없는 것이다.

이는 정신분석의 역사에서 커다란 전환점이 되었다. 이전에는 신경증 치료가 목적이었기 때문에 경계성 인격장애라는 새로운 영역에 대응하려면 모델을 변경할 필요가 생긴 것이다.

그 방향은 대략 두 가지로 나뉜다.

하나는 프로이트 이론을 수정하면서 경계성 인격장애 환자의 '자아'를 단련하여 다시 형성하는 것이고, 또 다른 하나는 분석가가 환자에게 애정을 쏟아 '정상적인 자기 발달의 활성화'를 시도하는 것이다.

전자를 대표하는 이론가는 빈 출신의 정신분석가인 오토 케

클라인학파의 이론과 프로이트의 자아심리학을 접목해 자아의 단련을 주장한 오토 케른베르크(1928~)

른베르크였다. 원래는 클라인학파의 영향을 받아 칠레에서 부유층을 상대로 프로이트 방식의 정신분석을 행하던 케른베르크는 1965년 미국으로 건너가 경계성 인격장애 연구 분야에서 두각을 나타냈다.

케른베르크는 경계성 인격장애 연구에 클라인학파의 이론을 끌어들였다.

그때까지 미국에서는 프로이트 직계의 자아심리학이 주류였지만 치료 대상이 경계성 인격장애로 바뀌면서 역시 '분열'을 비롯한 클라인의 이론을 활용할 필요가 있었다. 케른베르크의 이론은 클라인학파와 프로이트의 자아심리학을 통합한 것이었다.

클라인학파에서는 프로이트의 욕구론 중에서도 특히 공격성을 중시한다. 프로이트는 그것을 '죽음의 본능(타나토스)'에서 생기는 에너지라고 생각했다.('생의 본능(에로스)'에서 나오는 에너지는 리비도라고 한다.) '죽고 싶다'는 생각이 왜 공격성을 의미하는지 이해하기 어려울 수도 있지만 프로이트는 자기 파괴를 포함한 모든 파괴성의 원천을 타나토스라고 생각했다.

이때 경계성 인격장애 환자의 강한 공격성은 타인을 향하기 쉽다고 볼 수 있다. 케른베르크는 정신분석을 통해 환자가 분열 상태나 자신의 공격성을 이해하고 자아를 단련시키면 그것을 제어할 수 있을 것이라 여겼다.

하인즈 코헛의 '자기애' 이론과 성격장애

한편 '재양육'을 통해 마찬가지로 경계성 인격장애를 치료하려고
한 사람은 빈 출신의 정신분석가 하인즈 코헛이다. 코헛은 프로이
트학파의 추종자로 출발해 자아심리학의 우등생이 되었지만 프로
이트 이론에 의문을 품고 독자적인 이론을 구축했다.

코헛은 강한 '자아'를 중시하는 프로이트의 생각에 의문을 제
기했다.

정신분석을 받고 자아를 단련하면 마음이 건강해진다는 개념
은 기본적으로 강한 독립적 '자아'의 확립을 요구한다. 그러나 코헛
은 자기 자신의 마음을 분석한 결과, 인간은 그리 강하지 않다는
사실을 깨달았다. 인간은 혼자서는 살아갈 수 없기 때문에 타인에
게 의지한다.

이를 부정하고 '자아를 강하게 하라'고 말하면 오히려 마음의 건
강을 해칠 수도 있다고 본 코헛은 프로이트 이론에 크게 수정을
가했다.

특히 중요한 수정 포인트는 마음의 성장에 관한 부분이다.

프로이트는 자아가 성숙함에 따라 애정의 대상이 세 단계로 바
뀐다고 생각했다.

최초의 단계는 '자체애'다. 미숙한 아이는 성기나 입 등 자기 몸
의 일부를 사랑한다. 그다음은 '자기애'로 자신을 사랑하는 단계인

프로이트의 자기애를 '미숙한 자기애'와 '성숙
한 자기애'로 나눈 하인즈 코헛(1913~1981)

데 아직 성숙한 상태는 아니다. 타인을 사랑할 수 있는 '대상애'의
단계에 도달하면 마침내 인간으로서 성숙한다. 그러므로 어른이
되어서도 자기애가 강한 사람은 자아를 단련해야 한다.

그렇지만 코헛은 자기애를 버리고 타인에게 일방적인 애정을 쏟
아 부을 수는 없다고 생각했다.

물론 자기애가 너무 강해서 타인을 배려하지 않는 나르시시스
트의 심리 상태는 미숙하다고 할 수 있지만 타인을 사랑할 수 있는
성숙한 어른이라도 역시 자신을 소중히 여길 것이다. 굉장한 성인
군자가 아닌 이상 타인에게 아무런 대가도 바라지 않고 사심 없는
애정을 보내기는 어렵다.

이에 코헛은 자기애를 두 단계로 나누었다. 프로이트의 '자체애' → '자기애' → '대상애'를 '자체애' → '미숙한 자기애' → '성숙한 자기애' 모델로 바꾼 것이다.

최종 단계인 '성숙한 자기애'란 기본적으로 타인을 사랑함으로써 자기애를 만족시키는 상태를 말한다. 누군가에게 사랑받고 싶다면 자신도 상대를 사랑해야 한다.

그런데 자기애가 부족한 경계성 인격장애 환자는 타인의 냉정한 태도로부터 심한 상처를 받는다. 보통은 '자신에게 문제가 있는지도 모른다'고 여길 수 있는 상황에서도 자신이 받은 상처밖에 생각하지 못한다. 그러다 보니 분노가 폭발하여 상대에게 복수를 하기도 한다.

코헛은 이러한 사람을 '자기애성 인격장애자'라 불렀는데, 이 같은 유형의 환자는 유아기에 부모로부터 칭찬이나 격려를 받은 경험이 적고 그런 까닭에 자기애가 충족되지 않았다고 생각했다.

간단히 말하면 자신감이 없기 때문에 자기애가 상처받기 쉽다. 그래서 쉽게 화를 내고 부적절한 대인 행동을 해버린다. 그렇기 때문에 코헛은 '재양육'이 필요하다고 봤다.

외과 의사처럼 환자의 마음을 '해석'하는 프로이트의 정신분석이 아니라 환자와 마음을 나누고 '공감'하여 환자의 자기애를 만족시켜 '성숙한 자기애'를 갖도록 하는 것이다.

인간의 '공격성'을 보는 다양한 시각

경계성 인격장애를 치료한 케른베르크와 코헛은 미국 정신분석학회의 2대 거장이 되었다.

그러나 방금 설명한 것처럼 두 사람의 이론은 크게 다르다. 가장 큰 차이점은 '공격성'에 관한 두 사람의 견해다.

케른베르크는 공격성을 인간이 태어날 때부터 갖고 있는 본능으로 보았다. 이 경우 경계성 인격장애는 그 공격성이 지나치게 강해진다. 그에 반해 코헛은 인간이 공격적이 되는 것은 본능이 아니라 환경에 대한 반응에 불과하다고 생각했다.

예를 들어 자기애에 상처를 받으면 복수심과 같은 형태로 '상대방에게 상처를 입히고 싶다'는 공격성이 나타나는 것으로, 성욕이나 식욕 같은 본능과는 다르다. 따라서 경계성 인격장애 환자는 어릴 적부터 자기애가 충족되지 않고 상처를 받아왔기 때문에 공격성이 나타난다는 것이다.

아무런 이유 없이 타인을 매도하거나 때리는 사람은 없을 것이다. 그러므로 상식적으로는 코헛의 견해가 더 납득하기 쉽다.

다만 케른베르크와 코헛은 치료 대상이 달랐다.

'경계성 인격장애'라 해도 그 증상은 다양하다. 코헛이 주로 상대했던 자기애성 인격장애는 경계성 인격장애 중에서도 비교적 가벼운 편에 속한다고 할 수 있다.

반면 케른베르크는 증상이 가장 심한 경계성 인격장애 환자를 치료했다. 이들 가운데는 심지어 특별한 이유 없이 타인에게 해를 가하는 예도 있었다. 그러니 케른베르크가 그처럼 강한 공격성을 보이는 환자를 상대하며 공격성을 본능으로 생각하게 된 것도 무리는 아니다.

어떤 환자를 치료하느냐에 따라 당연히 치료 방식도 달라진다. 여기서 중요한 것은 '공격성은 본능인가, 반응인가'를 결정하는 게 아니라 '어느 쪽이라고 생각하는 편이 치료하기 쉬운가'이다.

임상심리학 이론은 치료를 위한 수단에 불과하다. 증상이 가벼운 코헛의 환자는 공격성을 '반응'으로 보고 자기애를 만족시키는 편이 치료하기 쉬웠고, 증상이 무거운 케른베르크의 환자는 공격성을 '본능'으로 보고 자아를 단련시키는 편이 치료하기 쉬웠을 것이다.

미국에서 코헛 이론이 주류가 된 이유

그러나 이후 미국의 정신분석 분야에서 주류로 살아남은 건 코헛의 이론이었다. 이는 이론이나 치료의 우열에 관한 것만은 아니다. 코헛의 이론이 주류가 된 배경에는 정신의학을 둘러싼 미국의 사회적 현실이 있었다.

1960년대까지 미국의 정신의학은 영화 「뻐꾸기 둥지 위로 날아
간 새」를 실제로 재현해놓은 듯한 참담한 상황이었다. 정신병원은
치료 시설이라기보다는 수용소나 다름없었다. 심각한 마음의 병을
앓는 환자들을 치료하기보다는 그들로부터 사회를 보호할 목적으
로 가둬둔 곳이 정신병원이었다. 케네디 대통령도 주립 병원의 상
황을 '미국의 수치'라고 단언했을 정도다.

이런 환경에서는 가벼운 신경증 환자라도 정신병원을 찾는 데
거부감을 느낄 수밖에 없다. 정신과에 갔다는 이유로 이상한 편견
에 시달리게 될 수도 있기 때문이다.

이때 프로이트의 정신분석이 등장했다. 기존의 정신의학과 달리
프로이트의 정신분석은 빈의 상류계급이 주 고객이었기 때문에 고
급스러운 분위기를 띠고 있었다. 긴 소파에 누워 정신분석을 받는
모습은 속물적인 미국 부유층에게 환영을 받았다. 즉 미국에서는
당초부터 정신분석이 부자들을 위한 의료로 받아들여졌던 것이다.

게다가 달리 '과학적인' 치료법이 없었기 때문에 중류층 이상에
게 허락된 민간 의료보험에 가입하면 보험을 적용받을 수 있다는
점도 호재로 작용했다. 그러나 약물 치료가 발전하면서 약으로 치
료할 수 있는 질병은 점차 보험 적용 대상에서 제외되었다.

1970년대에는 미국의 전반적인 경제 상황이 더 악화되었다. 그
러자 보험회사의 대응도 엄격해졌다. 정신분석은 3년 정도 정기적
으로 치료를 받아야 하는데 그렇다고 증상이 개선된다는 보장도

없다. 보험회사는 확실한 증거가 없는 치료를 좋아하지 않는다. 유감스럽지만 경계성 인격장애나 자기애성 인격장애에 정신분석이 효과가 있다는 확실한 증거를 제시하기란 어렵다.

보험이 적용되지 않으면 환자는 장기간에 걸친 정신분석 비용을 직접 부담해야 한다.

그렇게 되면 웬만한 부자가 아니고서는 치료비를 감당하기 어렵다. 케른베르크의 환자들은 대개가 심각한 경계성 인격장애였기 때문에 사회적으로 성공하기 힘들었고 따라서 고액의 치료비를 내기도 어려웠다.

그러나 자기애성 인격장애처럼 가벼운 인격장애는 부유층에도 적지 않았다. 일에서는 성공했지만 '인간관계에 문제가 있다' '마음이 공허해서 괴롭다' 등의 고민을 갖고 있는 사람은 어디에나 있기 마련이다. 코헛의 정신분석이 미국에서 살아남은 데는 이 같은 부자 고객의 기여도 적지 않았다.

물론 치료 효과가 없으면 인기도 사그라들게 되어 있으므로 코헛의 정신분석이 '도움이 되는 심리학'인 것은 분명하다. 그렇기 때문에 코헛학파가 살아남았을 뿐 아니라 그 방법이 정신분석의 주류가 된 것이다.

프로이트의 정신분석과 코헛의 방식을 비교했을 때, 가장 큰 차이점은 분석가와 환자가 마음을 교류하는지 여부이다.

프로이트는 환자가 분석가에게 좋고 싫은 감정을 갖게 되는 것을 '전이'라고 불렀다. 이는 실제로 분석가를 향한 감정이 아니라 환자의 마음속에 있는 아버지나 어머니가 분석가에게 전이되어 그 감정이 치료자를 향하게 된다는 의미다.

전이는 환자의 마음을 해석하는 데 도움이 된다. 하지만 프로이트는 분석가가 환자에게 감정을 느끼는 '역전이'는 전술한 중립 원칙(금욕 원칙)에 위배되므로 엄격히 금지했다.

이런 원칙에서 분석가를 해방시킨 것이 바로 코헛이다.(실제로는 페렌치 등도 있었지만 정신분석 분야에서 정당화되지 못했다.) '공감'을 통해 환자의 자기애를 충족시키는 코헛의 방법 자체가 바로 '역전이'다. 이것이 성공을 거두면서 역전이의 길이 열렸고 많은 분석가가 이른바 '투 퍼슨 사이콜로지two-person psychology'를 채용하게 되었다.

환자를 외과 의사처럼 외부에서 관찰하는 '원 퍼슨one person' 방식이 아니라 자신과 상대가 마음을 교류하여 환자의 정신 상태를 바꿔가는 (그리고 상대의 마음만 바꾸는 것이 아니라 자신도 변화하는) 방식이 이 분야에서 당연시되기에 이른 것이다.

정신분석의 새 물결, 로버트 스토롤로의 '조직화 원칙'

투 퍼슨 사이콜로지를 실천한 학자 중 한 사람으로 현재 미국을 대표하는 정신분석가인 로버트 스토롤로에 대해 간단히 소개하겠다.

조직화 원칙 개념을 주창한 로버트 스토롤로(1942~)

환자가 자각하지 못하는 무의식의 영역을 탐색하는 것이 프로이트의 정신분석이라면 스토롤로는 환자 본인이 의식하는 주관적인 세계를 중시한다.

스토롤로의 방식 자체는 새삼스러운 개념이 아니다. 투 퍼슨 사이콜로지는 서로 마음을 교류하는 것이므로 그 중심은 무의식이 아닌 의식이다.

스토롤로의 이론에서 중요한 개념은 '조직화 원칙organizing principle'이다. 이것은 우리가 각자의 인생에서 경험으로 익히는 '개념의 패턴'이라고 볼 수 있다. 스토롤로는 사람이 저마다 자신의 주관적인 세계에서 경험을 조직화하는 원칙을 갖고 있다고 여겼다.

예를 들어 남성에게 청혼을 받고 그 즉시 '이 사람의 목적은 분명 내가 갖고 있는 재산'이라고 생각하는 자산가의 딸도 있을 것이고, 몸매가 뛰어난 미인 중에는 항상 '그는 내 몸만 노리고 있다'고 생각하는 사람도 있을 것이다.

이는 모두 객관적인 사실이 아니다. '남자는 모두 돈 욕심이 많다' '남자는 늘 섹스에만 관심이 있다' 같은 생각은 (의식하지 못하는 경우가 많지만) 대부분 자신의 인생 경험에서 비롯된 '원칙'에 의해 주관적으로 만들어진 것이다.

스토롤로는 이렇게 인간의 경험을 모두 주관적인 것으로 본다. 따라서 그 자체는 병적인 것이 아니다.

그러나 조직화 원칙이 극단적으로 작용하면 일상생활에 지장을 준다. 예를 들어 '모든 사람이 악의를 갖고 자신에게 다가온다'는 조직화 원칙에 사로잡혀 있으면 누구에게나 공격적이 되어 다툼이 끊이지 않을 것이며 타인과 친해질 수도 없다. 이런 부적응 상태에 빠진 사람은 주관적인 세계를 만드는 '원칙'을 수정해야 한다.

하지만 '당신의 조직화 원칙은 잘못되었으니 생각을 바꾸라'고 지적해도 이들은 그리 쉽게 주관적 경험을 바꾸지 못한다.

그래서 스토롤로는 환자의 기존에 갖고 있던 원칙을 부정하지 않고 그 위에 다른 원칙을 추가하는 방법을 고려했다.

누구나 조직화 원칙을 갖고 있지만 그 방향이 극단적으로 흐르지 않은 이유는 다양한 경험을 통해 여러 '원칙'을 세우고 있기 때문이다.

요컨대 나쁜 사람을 만나기도 하지만 좋은 사람을 만나기도 하므로 '모든 사람은 도둑이다' '세상에는 나쁜 사람밖에 없다'는 극단적인 생각에 빠지지 않는 것이다. 도구로서의 '원칙'이 여럿 있다면 상황에 맞춰 적절한 것을 골라 사용할 수 있다.

그러면 환자가 사용하는 조직화 원칙을 늘리기 위해서는 어떻게 해야 할까? 분석가가 할 일은 환자와의 교류를 통해 다양한 반응을 보여주는 것이다. 분석가가 자신의 조직화 원칙에서 빗나가는 반응을 보이면 환자는 다른 패턴도 있다는 사실을 깨닫고 새로운 '원칙'을 갖게 된다.

이러한 스토롤로의 방식은 분석가와 환자가 서로 주관적인 세계를 맞부딪친다는 의미에서 '간주관적intersubjective 접근'이라 부른다.

코헛의 경우 분석가가 환자를 재양육하므로 '부모 자식'과 유사한 상하관계가 성립하지만 스토롤로는 상대와 같은 눈높이에서 친구처럼 교류하므로 서로의 마음을 더욱 깊이 나눌 수 있다. 심지어 때로는 분석가 쪽에서 자신의 진심을 털어놓기도 한다.

1990년대에 등장한 스토롤로의 '간주관적 접근'은 매우 참신했기 때문에 '정신분석의 뉴웨이브'로 불렸다. 프로이트가 무의식을 발견한 지 100년이 지났으니 그동안 정신분석은 크게 변모한 것이다.

아들러의 '라이프스타일'이 지닌 현대성

사실 스토롤로보다 훨씬 이전에 그의 조직화 원칙과 비슷한 개념을 제시한 심리학자가 있었는데, 그가 바로 아들러다.

아들러의 개인심리학에는 '라이프스타일'이라는 중요한 개념이 있다. 일반적으로 사용되는 용어이지만 아들러가 말하는 라이프스타일이란, 개인이 지닌 자기 인식과 세계관의 총체라고 할 수 있다. 일종의 신념 체계로, 스토롤로의 조직화 원칙처럼 자신의 주관적인 경험을 형성하는 토대가 된다.

아들러에 따르면 라이프스타일은 각자의 경험을 반영하는 형태로 어린 시절에 형성된다.

자기 나름대로 성공과 실패를 경험하면서 '이런 때는 이렇게 하는 편이 낫다'는 것을 익히게 되므로 이는 쉽게 변하지 않는다. 때로는 다소 불편할 수도 있지만 대체로 자신이 오랫동안 유지해온 라이프스타일에 따르는 편이 무난하다.

라이프스타일은 이른바 생각이나 행동의 '패턴'이기 때문에 스토롤로의 조직화 원칙과 매우 비슷하다고 할 수 있다. 게다가 아들러 본인의 목적이나 타인의 반응에 따라 라이프스타일이 변할 수 있다고 주장했다. 이 점도 스토롤로의 견해와 매우 유사하다.

그렇다면 스토롤로는 아들러 심리학의 영향을 받은 것일까?

나는 정기적으로 미국을 방문해서 스토롤로의 슈퍼비전(치료에 관한 조언)을 받고 있는데 언젠가 그에게 아들러에 대해 어떻게 생각하는지 물어본 적이 있다.

"최초로 자기애의 상처에 대해 주목한 연구자라는 점에서는 흥미롭다."

스토롤로는 이렇게 대답하며 "상당히 오래전에 읽어서 자세한 내용은 기억나지 않는다"고 했다.

임상심리학 분야에서 아들러의 존재감이 어느 정도인지를 잘 드러내는 대목이 아닐까 싶다. 사실 수많은 심리학자가 아들러의 영향을 받고 있으면서도 거의 자각하지 못하고 있다.

스토롤로가 지적한 것처럼 아들러는 코헛 이전에 자기애의 상처가 미치는 강한 영향력에 대해 언급했지만 코헛 자신은 그런 아들러의 영향을 받았다고는 생각하지 않았을 것이다. 스토롤로도 스스로 의식하지는 못했지만 아들러와 비슷한 발상을 한 셈이다.

어쨌거나 아들러의 심리학은 상당히 선구적이었다고 할 수 있다.

현재 미국에서는 코헛학파와 최신의 스토롤로 이론이 주류를 이루고 있는데, 아들러는 이미 제2차 세계대전 이전에 그들과 유사한 이론을 제창했으니 정말 놀라운 일이다.

아들러학파는 일단 그 명맥이 끊기기는 했지만 어쩌면 그 이론은 심리학계의 저변에 계속 존재해왔는지도 모른다.

제4장 재평가되는 아들러와 프로이트

아들러의 '목적론'의 난해함

아들러의 심리학이 오랜 세월 빛을 보지 못한 것은 그의 후계자들이 아우슈비츠 수용소에서 살아남지 못했기 때문만은 아니다. 어쩌면 그의 심리학이 시대를 너무 앞서갔기 때문일지도 모른다. 프로이트가 창시한 정신분석학 이론과 매우 달랐기 때문에 아들러의 심리학은 어쩐지 의심스럽고 이해하기 어렵게 느껴졌으리라.

코헛의 심리학은 프로이트의 이론을 (수정했다고는 하지만) 비판적으로 계승한 것이고, 그런 의미에서 기존의 '정신분석' 범위에 속한다고 할 수 있다.

물론 역전이를 금지한 중립 원칙을 버리고 외과의적인 역할을 하지 않게 되었다는 점은 그다지 정신분석답지 않다. 만약 프로이트가 코헛이 치료하는 모습을 보았다면 '이것은 정신분석이 아니다!'라며 한탄했을지도 모른다.(실제로 안나 프로이트는 코헛에 대해 정신분석가가 아니라고 비판했다.)

그러나 기본적으로 코헛은 '원인론'의 입장을 취한다.

병의 원인을 무의식과 약한 자아에서 찾으려 했던 프로이트와 달리 코헛은 '미숙한 자기애'로 인해 자기애성 인격장애가 나타난다고 여겼지만 '원인을 찾아 대응한다'는 기본 방침은 다를 게 없다. 그런 의미에서 코헛의 방식에는 정신분석적인 요소가 존재한다.

간주관적 접근을 시도하는 스토롤로도 환자의 '조직화 원칙'에 문제가 있다고 본다는 점에서 역시 '원인론'의 입장이라고 할 수 있다. 코헛처럼 직접 프로이트의 영향을 받지는 않았지만 스토롤로 또한 '정신분석가'다.

그러나 아들러는 정신분석가가 아니다. 프로이트를 떠난 직후에 아들러는 '자유정신분석학회'를 설립했고 곧바로 그 이름을 '개인심리학학회'로 개칭했다.

아들러가 어떤 생각에서 그 명칭을 '개인심리학학회'로 바꿨는지는 알 수 없다. 그러나 이후 아들러의 심리학을 살펴보면 그것이 정신분석과는 근본적으로 다르다는 것을 분명히 알 수 있다. 아들러는 '원인론'이 아니라 '목적론'에 입각해서 마음을 치료하는 방법을 모색했기 때문이다.

당시에는 병이 났을 때 '원인'을 찾아 제거하면 낫는다는 통념이 있었기 때문에 아들러의 목적론은 낯선 개념이었다.

감기에 걸렸을 경우 '감기에 걸린 목적'을 찾는다는 것은 얼마나 무의미한 일인가? 그렇기 때문에 마음의 병을 치료하는 정신분석도 '원인론'에서부터 시작된 것이다.

이 원인론의 개념을 뒤집어엎었으니 목적론에 입각한 아들러의 심리학을 이해하기 어려웠던 것도 어쩌면 당연한 일 아닐까? '병의 중심부'를 향해 곧바로 뛰어드는 원인론에 비해 목적론은 이른바 '뒷문'을 공격하는 것이나 다름없다. 따라서 사람들에게는 원인론에 바탕을 둔 정신분석이 더 받아들이기 쉬웠을 것이다. 그만큼 아들러의 이론은 시대를 앞섰다고 할 수 있다.

아들러와 모리타 마사타케

그런데 사실 아들러와 같은 시대를 산 심리치료사 중에 개인심리학과 상당히 유사한 치료법을 펼친 인물이 있었다.

게다가 일본인이었으니 아들러도 그 존재를 몰랐을 것이다. 아무런 접점이 없는 두 사람이 멀리 떨어진 지역에서 당시의 상식을 벗어난 발상을 했다는 사실은 매우 놀랍다.

'모리타 요법'의 창시자로 알려진 모리타 마사타케가 바로 그 주인공이다. 아들러는 1870년, 모리타는 1874년에 태어났고 각각 1937년과 1938년에 사망했으니 두 사람은 과연 같은 시대에 다른 지역에서 살았을 뿐이다.

　모리타가 독자적인 신경증 치료법을 확립한 것은 마침 프로이트 가 국소론에서 구조론으로 모델을 바꿨을 무렵이고, 아들러는 이 미 프로이트를 떠나 자신의 그룹을 이끌던 시기이니 두 사람 다 정 확히 동시대 인물이라는 점이 입증된다.

　이후 모리타는 2000~3000명의 신경증 환자를 직접 치료했다고 하는데 반해, 프로이트가 평생 직접 치료한 환자는 고작 100명 정

아들러와 같은 시대를 살며 '모리타 요법' 을 창시해 수많은 신경증 환자를 치료한 모리타 마사타케(1874~1938)

도였다고 한다. 모리타 요법은 그 당시부터 실제로 '도움이 되는 심리학'이었던 것이다.

이 책은 모리타 요법의 입문서가 아니므로 여기에서는 아들러와의 공통점에 초점을 맞춰 간단히 소개하고자 한다. 모리타 요법에 대해 더 자세히 알고 싶다면 필자의 『일본인에게 맞는 마음의 건강법 日本人に合ったこころの健康法』을 참고하기 바란다.

모리타 요법과 아들러의 개인심리학은 둘 다 '전체론'이라는 점에서 매우 흡사하다.

앞서 설명한 것처럼 아들러는 '개인'을 '더 이상 분할할 수 없는 존재'로 보았다. 이는 마음속을 해부하여 병의 원인을 찾는 프로이트의 정신분석과는 크게 다르다.

모리타도 환자의 세세한 부분보다는 전체를 중요시했다.

모리타 요법의 특징이라면, 증상에 대한 '집착'에서 벗어나고자 했다는 것이다.

불안, 공포, 신체적인 고통 등에 신경을 쓰면 감각이 예민해져 오히려 증상이 더 심해지고 그러면 더 신경을 쓰고, 다시 증상이 더 악화되는 악순환에 빠진다. 이 악순환을 모리타는 '정신 교호 작용'이라고 불렀는데 이로 인해 다른 것에 관심을 두지 않는 상태를 '집착'이라고 불렀다.

이런 악순환을 끊어내려면 어느 하나에 집중하지 말고 전체를 봐야 한다. 환자의 일이나 생활을 함께 고려하고 나아가 '무엇이 환자에게 도움이 되는지'를 헤아린다. 이는 아들러의 이론과 매우 유사하다.

모리타 요법의 '증상 불문'이란?

모리타 요법에서는 환자의 증상을 개선하려고 하지 않는다. 그게 무슨 치료냐며 의아해할 수도 있지만 증상만 고치려고 하면 그에 대한 '집착'이 생긴다.

그렇다면 어떻게 해야 할까?

이 부분이 모리타 요법의 독특한 발상으로 '그런 증상이 있어도 살아갈 수 있도록' 한다. '질병'이라는 부분적인 문제보다는 환자의 전반적인 삶의 질을 향상시킨다는 점을 생각하면 모리타 요법도 특별히 문제될 것은 없다.

예컨대 적면赤面공포증 환자는 사람들 앞에 나서면 얼굴이 빨개지기 때문에 '이 증상만 없어지면 행복할 텐데'라고 믿는다. 그래서 얼굴이 빨개지는 증상을 고치는 데 집착한다.

하지만 과연 그것 때문에 대인관계가 나빠지거나 불행해질까?

본인은 '얼굴이 빨개져서 다른 사람들이 나를 싫어한다'고 생각하지만 어쩌면 빨개진 얼굴이 성실한 인상을 줘서 오히려 호감을 살지도 모른다. 반대로 괜한 자격지심에 스스로 물러서는 바람에 사이가 소원해질 수도 있다.

실제로 얼굴이 빨개지는 것에 신경 쓰지 않고 적극적으로 사람들을 만나다 보면 대인관계에 전혀 문제가 없다는 사실을 깨닫게 된다. 일부 증상에만 주목하지 말고 생활 전체를 생각하면 사람들 앞에 나설 때 얼굴이 빨개지더라도 충분히 행복하게 살 수 있다.

그래서 모리타 요법에는 '증상 불문'이라는 기본적인 치료 개념이 있다. 의료임에도 불구하고 증상을 문제 삼지 않는 것이 생소하게 느껴질 수도 있다.

그러나 '증상 불문'은 치료자가 증상에 집착하는 것을 피하기 위한 방법이기도 하다. 정신과 의사뿐 아니라 대부분의 의사는 환자의 증상에 주목하기 마련이다. 반면 모리타 요법은 '얼굴이 빨개진다'는 증상을 치료하는 것이 아니라 '얼굴이 빨개져서 사람들이 싫어한다' '얼굴이 빨개져서 창피하다'고 생각하는 환자의 생각을 고치려 한다.

예를 들어 나는 전에 '기억상실증' 환자를 상담한 적이 있다. 특히 장기 기억상실은 심하면 태어나서 지금까지의 모든 기억을 잊어버리기 때문에 배우자나 자녀의 얼굴도 알아보지 못할 수 있다. 다행히 그 환자는 최근 8년간의 기억을 잊었지만 그 이전의 일은 기억하기 때문에 가족은 알아볼 수 있었다.

이럴 때, 일반적인 정신과 의사라면 증상에 집중하여 '기억을 되돌릴 방법'을 고민할 것이다. 전체 정신과 의사의 90퍼센트가 여기에 해당되리라.

그러나 나는 환자에게 기억이 없는 상태에서 현재의 생활에 적응할 방법을 강구하도록 조언했다. 자격을 취득해서 직업을 구한다거나 새로운 인간관계를 맺는다거나, 지금의 생활을 유지하기 위해 할 수 있는 일은 많다.

부분보다 전체를 중시한 앞선 생각

예전 같으면 나 또한 증상을 개선하는 데 주목했을 것이다. 기억상실증 같은 증상은 학문적으로 매우 보람을 느낄 수 있는 주제다. 그러나 '실용적인 의료'를 추구한다면 의사는 증상의 개선뿐 아니라 환자의 삶을 위해서도 다른 시도를 할 수 있지 않을까?

모리타 요법을 도입한 이후로 나도 생각이 많이 바뀌었다. 증상에만 집착하지 않고 환자의 생활 전체를 고려하면 의사가 할 수 있는 조언의 폭도 넓어진다.

아들러 역시 부모나 교사에게 '아이가 문제 행동을 해도 당황하지 말라'고 조언했다. '문제 행동'이라는 증상에 당황하면 거기에만 집중해서 결과적으로 주목을 받고 싶다는 아이의 목적이 이루어지기 때문이다.

아이라는 개인 전체를 보지 못하면 효과적인 대책을 세울 수 없다. '원인론'에서 '목적론'으로 전환하기 위해서도 먼저 전체론적인 접근을 할 필요가 있다.

전체론이라는 개념은 모리타와 아들러가 살았던 시대의 정신의학계에서 매우 보기 드문 것이었다. 오늘날 의료계 전반에서도 찾아보기 어려운 개념이다. 의학계는 오히려 전문 분야가 점점 파편화되어 더욱 작은 '부분'에 집중하고 있다.

일례로 대학병원 내과에는 순환기내과와 소화기내과가 있고, 소화기내과에는 간장내과나 위장내과가 있으며, 간장내과에는 간암을 연구하는 그룹도 있고, 바이러스만 연구하는 그룹도 있다. 의사 개개인은 자신의 전문 분야밖에 모르기 때문에 자기 분야만 보려고 한다. 결국 아무도 환자를 전체적으로 보고 있지 않은 것이다.

나무를 보고 숲을 보지 못하는 진료가 횡행하는 이유가 여기에 있다.

특히 장기 곳곳에 질환이 있는 고령자 중에는 전문의에게 약을 처방받아 복용하는 사람도 많을 것이다. 비록 각각의 질환에는 올바른 투약일지라도 환자 전체를 보면 이는 여러 종류의 약을 복용함으로써 오히려 수명을 단축시킬 가능성도 있다. 그야말로 우선순위가 바뀐 것이 아닌가?

이런 분야별 파편화 현상은 의학계뿐 아니라 경제학, 물리학 등 모든 학문 분야에서 나타나고 있다.

그런데 모리타와 아들러는 100년 전에 이미 전체론의 개념을 바탕으로 인간의 마음을 다루었으니 두 사람 모두 선견지명이 있었다고 할 수 있다. 최근에는 의학은 물론 그 밖의 분야에서도 파편화의 폐해가 속속 드러나고 있으니, 머지않아 분명 '개별론에서 전체론으로' 바뀌는 추세가 될 것이다.

사실 이미 의료계에서는 종합 진료를 중시해야 한다는 의견이 강해지고 있고, 개개의 질병 치료가 아닌 환자의 체질 자체를 개선하는 동양의학도 각광을 받고 있다.

앞으로는 기업의 경영이나 일상적인 대인관계 등에 이르기까지 다양한 분야에서 전체론적 사고가 요구되는 시대가 올 것이다. 그런 의미에서 모리타나 아들러의 관점은 우리에게 시사하는 바가 크다.

'진짜 목적'에 주목하다

앞서 아들러의 전체론은 '목적론'으로 이어진다고 말했다. 문제 행동은 아이 행동의 '일부분'에 불과한데 여기에만 주목하면 '문제 행동을 하는 목적은 무엇인가' 하는 발상으로 발전하지 못한다. 전체를 볼 수 있어야 비로소 문제 행동의 '원인'뿐 아니라 '목적'까지 생각할 수 있는 것이다.

마찬가지로 모리타 요법도 전체론이기 때문에 목적론을 향해 나아갈 수 있다. '증상 불문'이므로, 모리타 요법은 얼굴이 빨개지는 증상 자체를 치료하려고 하지 않는다. '얼굴이 빨개지면 창피하니까 고치고 싶다'고 생각하는 환자의 마음을 치료하는 것이다.

그렇다면 환자는 왜 얼굴이 빨개지는 증상을 없애려 할까?

치료자가 그 이유를 물으면 환자는 대개 '얼굴이 빨개지면 사람들이 싫어한다' '이상한 사람이라며 놀린다' 같은 대답을 할 것이다. 여기에 환자의 '목적'이 있다. 환자의 목적은 얼굴이 빨개지는 증상을 없애는 것이 아니라 타인의 호감을 사고 타인에게 존경받고 싶은 것이다.

그러므로 꼭 얼굴이 빨개지는 증상을 없앨 필요는 없다. 얼굴이 빨개져도 타인에게 호감을 사거나 존경받는 사람이 될 방법은 얼마든지 있기 때문이다.

예를 들어 명쾌한 대인관계를 맺으려면 화술을 연마하는 방법도 있다. 애당초 환자는 얼굴이 빨개지는 증상 때문이 아니라 얼굴이 빨개지는 것이 너무 창피한 나머지 사람들과 마주 보고 이야기하는 걸 꺼려서 대인관계가 나빠진 것인지도 모른다.

또한 타인에게 놀림받고 싶지 않다면 열심히 공부하거나 일해서 존경받을 만한 자리에 오르는 것도 한 가지 방법이다.

그렇게 되면 스스로도 자신감을 가질 수 있을 것이다. 그 결과 얼굴이 빨개지는 증상 자체가 사라질 수도 있다.

반면 원인론에 입각하면 상황은 전혀 다른 식으로 전개된다. 얼굴이 빨개지면 사람들이 싫어한다는 환자의 말에 분석가는 '타인에게 호감을 사고 싶다'는 목적은 생각하지 않고 끝까지 '원인'만 찾으려 할 것이다. '얼굴이 빨개지면 사람들이 싫어할 것'이라고 생각하는 이유를 파고든 결과, 환자는 어린 시절 얼굴이 빨개져서 놀림을 당한 기억을 떠올릴지도 모른다.

그러면 분석가는 그 경험이 환자에게 트라우마가 되었다고 생각해 무의식에 관한 해석을 한다.

하지만 무의식에 관한 해석이 증상의 개선에 반드시 도움이 된다는 보장은 없다. 오히려 환자는 '역시 얼굴이 빨개지면 놀림을 당한다'는 본인의 생각이 맞다고 여겨 얼굴이 빨개지는 현상을 더욱 창피해할지도 모른다. 과거의 체험은 바꿀 수 없기 때문에 그것을 다시 들춰내봤자 환자는 고통에서 해방되지 못한다.

그렇다고 모리타나 아들러가 환자의 과거에 전혀 관심이 없었을까? 그렇지 않다. 두 사람 모두 치료를 위해 환자의 사고 패턴을 파악할 필요가 있었기 때문에 환자의 체험과 감정에 관심을 기울였다.

아들러는 환자의 과거를 통해 '라이프스타일'을 파악했는데 그렇게 되면 그의 목적도 이해하기 쉬워진다.

모리타는 환자의 성격이나 가치관으로부터 나온 진정한 욕구를 '생의 욕망'이라고 불렀다. 이를 통해 '타인에게 호감을 사고 싶다' '존경받고 싶다' 같은 목적이 점차 뚜렷해진다.

그러나 아들러와 모리타에게 있어 환자의 과거는 '라이프스타일'이나 '생의 욕망'을 파악하기 위한 수단에 지나지 않으며, 그 속에서 증상의 원인을 찾는 게 아니라 환자의 목적을 판단하는 소재로 사용된다.

외상 후 스트레스 장애로 재조명된 정신분석

원인보다 목적을 중시하는 아들러나 모리타의 방식은 달리 말하면 '과거'보다 '현재'를 생각하는 치료라 할 수 있다. 이 또한 당대 정신치료의 동향을 상당히 앞선 것이었다.

환자의 '과거'에서 병의 원인을 찾고 그것을 해석하여 치료하는 프로이트의 정신분석이 1960년대 신경증 약의 개발 이후로 서서히 영향력을 잃게 된 경위는 앞 장에서 설명한 바와 같다. 경계성 인격장애 치료에서 살아남은 것도 코헛이 시도한 '투 퍼슨 사이콜로지'였다.

그런데 1970년대 들어 정신분석이 다시 주목을 받기 시작했다.

당시 미국에서는 과거에 받은 '마음의 상처'가 문제를 일으키는 사례가 잇달아 등장했다.

베트남전쟁에서 혹독한 체험을 하고 돌아온 미군 병사들이 대표적이다. 그들 중에는 과잉각성이나 무감동 같은 증상에 시달리는 사람이 많았다. 감정이 둔해져서 평소에는 일도 못하고 무력하다가 별것 아닌 작은 소리에도 깜짝깜짝 놀라고 불안해한다. 이른바 '전쟁신경증'으로 불리는 병이다.

이는 언제 어디서 공격해올지 모르는 베트남의 게릴라군을 상대하면서 생긴 트라우마 때문으로 여겨졌다.

또한 1973년에는 '강간 트라우마 증후군rape trauma syndrome'에 관한 연구 결과가 발표되었다. 이 연구에 따르면 강간 피해를 당한 여성에게서도 베트남 귀환병의 전쟁신경증과 동일한 증상이 나타난다는 것이다.

당시 미국에서는 반전운동과 페미니즘운동이 활발히 전개되고 있었고, 그 덕분에 전쟁신경증과 강간 트라우마 증후군은 사회 문제로서 주목을 받았다.

이후 정신의학과 임상심리학 분야에서 트라우마에 관한 연구가 활발히 진행되었고, 그 결과 자연재해의 피해자나 유괴 사건 피해자 등에게서도 전쟁신경증과 비슷한 증상이 나타난다는 사실이 밝혀졌다.

또 1980년에는 미국정신의학회에서 펴낸『정신장애 진단 및 통계 편람Diagnostic and Statistical Manual of Mental Disorders』제3판에 'PTSD(외상 후 스트레스 장애)'라는 진단명이 채택되었다.

얼마 지나지 않아 전쟁, 강간, 재해처럼 단발적인 비참한 체험뿐 아니라 장기간에 걸쳐 이루어진 아동 학대나 성폭력 등이 더욱 복잡한 PTSD의 원인이라는 학설도 등장했다. 나아가 대부분의 경계성 인격장애 환자도 과거 학대를 받은 경험이 있고 그 트라우마가 병의 원인이라고 생각하는 연구자도 생겨났다.

이는 그동안 위축되었던 정신분석이 부활하는 계기가 되었다. 환자의 과거를 밝혀내는 정신분석 방법이 PTSD에 효과적이라면 그 활용 폭도 더 넓어질 수밖에 없다.

한편 그 과정에서 과거 프로이트가 주장한 '심적현실론'이 혹독한 비판을 받기도 했다. 환자가 떠올린 과거의 학대 체험은 사실이 아니라 무의식적 욕망에 의해 왜곡된 거짓 기억이라는 프로이트의 견해는 PTSD라는 병 자체를 부정해버릴 수 있기 때문이다.

트라우마의 자각이 증상을 오히려 악화시킨다?

어쨌거나 PTSD의 주된 치료 방법은 환자가 과거의 트라우마를 떠올리도록 해서 괴로운 과거에 대한 원망과 고통을 모조리 털어놓게 하는 것이었다. 그 과정에서 얻는 '카타르시스'를 통해 환자의 마음이 홀가분해진다는 것이다.

그런데 1997년 이런 치료법에 중대한 의문을 제기하는 연구 결과가 발표되었다. 『목격자 증언Eyewitness Testimony』의 저자로 유명한 여성 심리학자 엘리자베스 로프터스는 PTSD 치료에 관한 실태를 조사했다.

조사 결과에 따르면, PTSD 치료를 받은 30명 중 26명이 과거의 트라우마를 떠올렸지만 치료 효과는 낮았다. 과거의 트라우마를 떠올린 전원이 그 후 3년 넘게 치료를 받았고 치료 기간이 5년 이상인 환자도 18명이었다. 결국 트라우마를 떠올린 다음에도 PTSD 증상으로 오랫동안 고통을 받았다는 뜻이다.

게다가 치료 전에는 30명 중 3명이 자살을 시도했는데, 트라우마를 떠올린 뒤에는 20명의 환자가 자살을 시도했을 뿐 아니라 자해 행위도 늘어났다. 더욱 놀라운 것은 30명 전원이 치료를 받은 다음 이혼했다는 사실이다. 그러니 환자들의 심리 상태가 치료 전보다 나빠졌다고 할 수밖에 없었다.

이렇게 되면 과거의 트라우마를 떠올리게 하는 것은 '잠든 아이를 깨우는 것'과 같다. 카타르시스를 통해 마음이 홀가분해지기는커녕 오히려 환자를 고통스럽게 할 뿐이라는 의미다.

미국에서는 트라우마를 떠올리게 하는 치료 방법에 대한 비판이 쏟아졌다. 살아남기 위한 '마지막 보루'라고 할 수 있는 PTSD 치료에서도 효과를 인정받지 못한 프로이트의 정신분석은 적어도 미국의 임상 현장에서는 이제 바람 앞의 등불 같은 신세가 되었다.

이런 상황에서 코헛의 '공감'에 의한 치료는 더욱 널리 받아들여지게 되었다.

코헛도 병의 원인을 '과거'에서 찾았지만 그 원인을 환자에게 알려 카타르시스 효과를 얻으려고 하지는 않았다. 코헛의 정신분석은 어디까지나 환자가 놓인 '현재'의 상황을 이해하고 그 마음에 다가가 자기애를 충족시키면서 뒤틀린 마음을 고치는 데 중점을 두었다.

이렇게 '과거'보다 '현재'를 중시하는 정신치료를 한발 앞서 도입한 것이 모리타와 아들러였다.

트라우마 이론이 주류를 이룬 1970년대부터 1980년대까지는 PTSD나 해리성 정체성장애(이른바 다중인격장애) 환자에게도 카타르시스 효과를 주거나 과거 기억과 현재의 기억을 통합시키려는 치료가 행해졌다. 그러나 모리타나 아들러라면 역시 원인이 아니라 목적을 생각하지 않았을까? 그들은 아이가 부모의 관심을 받으려고 문제행동을 일으키는 것처럼 환자가 다른 인격으로 변하는 데는 분명 목적이 있다고 생각했을 것이다.

일테면 어른에게 어린이의 인격이 나타나는 것은 그편이 타인에게 어리광을 부리기 쉽기 때문인지도 모른다. 혹은 타인을 거칠게 공격하기 위해 흉포한 인격으로 '변신'하는 경우도 있을 수 있다.

이렇듯 목적을 알 수 있으면 트라우마를 파헤치지 않아도 치료법을 생각할 수 있지 않을까? 어리광이나 공격의 대상이 되는 주위 사람들과의 관계를 잘 제어하면 다른 인격이 나타날 필요도 없어진다.

또한 모리타 요법은 환자에게 몇 개의 인격이 있건 신경 쓰지 않는다. 대신 일이나 생활 등의 환경을 고려하면서 이상한 인격이 나타나도 살아갈 수 있도록 조언한다. 그렇게 별 탈 없이 무난하게 살아갈 수 있다면 다른 인격도 서서히 나타나지 않게 될 것이다.

오늘날의 주류는 '바꿀 수 있는 것을 바꾸는' 치료

부분보다는 전체, 원인이 아니라 목적, 과거보다는 현재를 중시하는 것이 아들러 심리학과 모리타 요법의 공통점이다. 이는 달리 말하면 '바꿀 수 있는 것을 바꾸는 것'이다.

모리타 요법에서 증상에 대한 '집착'을 버리고 전체를 바라보는 이유는 자신이 바꿀 수 없는 것에 매달려 끙끙 앓으며 고민해봤자 의미가 없기 때문이다.

예를 들어 적면공포증 환자는 스스로 얼굴이 빨개지는 증상을 없앨 수 없다. 그렇다면 자신이 바꿀 수 있는 일이 무엇인지를 찾으면 되는데, 이는 증상이라는 '부분'에서 빗어나 전체를 보지 않으면 알 수 없다.

과거에 일어난 병의 원인 역시 자신의 힘으로는 바꿀 수 없다. 스스로 바꿀 수 있는 것은 '현재'의 행동뿐이다.

그것을 바꾸려면 자신의 진정한 목적을 알아야 한다. 얼굴이 빨개지는 증상을 고치는 것이 아니라 대인관계를 개선하는 것이 진정한 목적이라는 사실을 깨달으면 행동을 어떻게 바꿔야 할지도 알 수 있다.

아들러나 모리타가 살던 시대에는 이러한 개념이 보편화되지 않았다. 그러나 오늘날에는 '바꿀 수 있는 것을 바꾼다'는 발상에 기초한 심리치료가 표준으로 자리를 잡았다.

'인지치료' '행동치료' '인지행동치료' 등이 그 대표적인 예다. 이름이 비슷해 혼동하기 쉽지만 이 세 치료법은 미세하게 다르면서 서로 중복되는 부분도 있다.

먼저 '인지치료'란 마음의 상태를 바꾸기 위해 사물에 대한 사고방식과 수용 방식을 바꿔가는 것으로, 주로 우울증 치료에 사용된다.

우울증 환자는 비관적이 되기 쉽다. 가령 그들은 회사에서 상사가 찾는다고 하면 '분명 꾸중을 들을 거야' '좌천될 게 틀림없어' 등 아무런 근거도 없이 부정적으로 생각한다.

그러다 보면 심리 상태가 더 나빠지기 때문에 인지의 악순환을 막아야 한다. 따라서 인지치료는 환자의 부정적인 생각과 착각을 바로잡음으로써 치료를 시도한다.

예컨대 환자에게 특정 상황에 대한 자신의 생각을 글로 기록하고 실제로 그 일이 발생할 확률을 쓰게 한다.

그러면 환자는 일단 부정적인 예상을 전적으로 하지는 않게 된다. '필시 질책을 당할 거야'라는 생각을 해도 그 확률은 80~90퍼센트 정도다. 따라서 다른 가능성도 있을 수 있다는 사실을 깨달아 자신의 인지가 왜곡되어 있다는 점을 이해하게 된다. 인지치료는 이렇게 비관적으로 생각하기 쉬운 우울증 환자의 인지를 바꿔 증상을 개선하거나 예방한다.

다음으로 '행동치료'는 행동을 바꿈으로써 마음의 상태를 변화시키는 방법이다. 흔히 볼 수 있는 예가 등교를 거부하는 아이의 손을 잡고 억지로 학교에 데리고 가는 것이다.

등교 거부의 원인인 마음의 문제는 좀처럼 해결할 수 없지만 부적응 행동을 적응 행동으로 바꾸는 일은 그리 어렵지 않다. 이는 '마음의 문제를 그대로 두더라도 사는 데 지장이 없게 한다'는 아들러나 모리타의 이론과도 매우 비슷한 발상이다.

행동치료는 원칙적으로 적응 행동을 하면 상을 주고, 부적응 행동을 하면 벌을 주는 것인데, 실제로는 이와 반대로 적용하는 경우가 많다.

예를 들어 심인성 천식을 앓는 아이라면 적응 행동은 발작이 없는 상태이고, 부적응 행동은 발작 상태다. 그런데 대부분의 부모는 아이가 발작을 일으키면 당황해서 아이를 보듬어 안고 달랜다. 그러면 부적응 행동은 더욱 조장된다.

그래서 행동치료를 할 때에는 발작이 없으면 쇼핑에 데려가거나 외식을 하는 등 상을 주고, 발작을 일으키면 발작이 멈출 때까지 모른 척 무시한다. 그러면 발작을 일으키지 않는 방향으로 몸이 바뀌어간다. 비행 청소년을 꾸짖는 행위는 주목받고 싶다(문제 행동을 일으키는 목적)는 심리를 부추기는 것과 마찬가지라는 아들러의 견해와 같은 맥락이다.

마지막으로 '인지행동치료'는 행동을 바꾸면 인지도 바뀐다는 생각을 바탕으로 한다. 가령 '전철을 타면 공황 상태가 된다'고 생각하는 사람을 실제로 전철에 태워 공황 상태에 빠지지 않는다는 사실을 깨닫게 하는 것이다. '행동을 통해 깨닫게 하는 인지치료'라고 할 수 있다.

요즘에는 중증 우울증을 치료할 때 인지치료로 치료자와 환자의 대화가 잘 이루어지지 않으면 먼저 행동을 바꾸기 위해 인지행동치료를 하고 있다. 옛날과 달리 오늘날에는 순수한 인지요법 개념보다는 인지행동치료를 적절히 조합하여 치료하는 경향이 우세하다.

마이너스를 극복하고 플러스를 획득하기

이 세 가지 치료법은 모두 '바꿀 수 있는 것을 바꾼다'는 발상을 토대로 이른바 바깥 부분부터 개선하여 마음의 형태를 바꿔가는 것이다.

인지치료와 인지행동치료는 일본에서도 2010년부터 우울증 치료법으로서 의료보험이 적용되기 시작했다. 아들러나 모리타가 시작한 대중성 없는 심리치료가 마침내 사회적 권위를 획득했다고 할 수 있다.

인지치료나 행동치료는 기존의 정신분석에 비해 즉각적인 효과를 보인다. 정신분석은 환자의 성격까지 바꾸려 하기 때문에 수년이 걸리지만 이 세 치료법은 인지와 행동만 바꾸면 되므로 시간이 그리 오래 걸리지 않는다. 다만 환자의 성격까지 바꿀 필요가 없다고 생각하기 때문에 마음 깊은 곳의 문제를 해결하기는 어렵다.

한편 아들러나 모리타의 치료는 여기서 조금 더 깊게 파고든다. 성격을 바꾸려 하지 않는다는 점은 인지치료나 행동치료와 동일하지만 두 사람은 환자의 성격을 적절히 활용하는 행동 방식을 모색했다.

예를 들어 모리타는 불안이나 공포에 휩싸이거나 신경증적인 증상을 보이기 쉬운 성격을 '신경질적인 성격'이라고 했다. 이 유형에 속하는 사람은 굉장히 꼼꼼하고 성실하므로 어떤 일에서건 완벽을 추구하는 경향이 있다. 그래서 신경증에 걸리기 쉬운데 이를 달리 말하면 '더 잘 살고 싶다'는 마음이 강한 것이라고 모리타는 생각했다. 그의 말을 빌리자면 '생의 욕망'이 왕성한 것이다.

신경증 치료라는 관점에서만 보면 이런 성격은 가능한 한 고치는 편이 좋겠지만 환자의 삶 전체를 고려했을 때 꼭 그렇지만은 않다. 왕성한 '생의 욕망'을 일이나 공부에 쏟으면 사회적으로 성공할 수 있다.

다만 인지치료나 행동치료는 인지나 행동을 바꿈으로써 사회생활에 적응하지 못하는 사람을 적응하도록 도울 뿐이지 환자의 삶을 더 나은 방향으로 이끌려 하지는 않는다. 환자가 안고 있는 마이너스를 제로로 만들 뿐 플러스로 만드는 것까지는 생각하지 않는 것이 인지치료, 행동치료다.(물론 요즘 세상에서는 인지치료를 통해 유연하고 원만한 대인관계를 맺게 된 사람이 결과적으로 성공할 가능성이 더 높을지도 모른다.)

그러나 모리타 요법은 환자가 더욱 적극적인 삶을 살기를 바라며, 아들러 이론도 이와 비슷한 면을 지니고 있다.

아들러 심리학의 '라이프스타일'이라는 개념은 개인이 자신의 열등감을 극복하기 위해 어떤 우월성을 지향하고, 그것을 실현하기 위해 어떤 노력을 하는지 등 삶을 전체적으로 파악한다.

마이너스(열등감)를 극복할 뿐 아니라 적극적으로 플러스(우월성)를 획득하는 것까지 염두에 둔다는 뜻이다.

아들러는 환자가 안고 있는 대인관계의 문제를 해결하기 위해 치료자가 주는 도움을 '용기 부여'라고 불렀다.

이를테면 열등콤플렉스 때문에 대인관계가 원만하지 못한 사람에게 성공을 체험하게 해 자신감을 주는 것도 '용기 부여'의 일종이다. 라이프스타일은 어디까지나 본인이 정하는 것이지만 치료자는 용기를 부여함으로써 더욱 긍정적인 인식을 갖게 할 수 있다.

시대가 아들러와 모리타를 따라잡았다?

그런 의미에서 모리타 요법이나 아들러의 심리학은 단순히 '마음의 병을 치료하는 정신치료'가 아니다. 더욱 적극적으로 상대를 '건강하게 하는 심리치료'라고 할 수 있다.

더 나은 삶을 살기 위한 지침이 된다는 점에서 아들러 심리학은 자기계발 분야에도 큰 영향을 미쳤다. 아들러는 마음에 병이 있는 사람뿐 아니라 불안이나 고민이 있는 보통 사람에게도 도움이 되는 사고방식을 제시했다.

현대사회는 막연한 불안감을 갖거나 자신의 삶에 의문을 느끼는 사람이 많다. 그동안 빛을 보지 못한 아들러의 심리학이 재평가되는 것도 이 때문이 아닐까?

물론 현대에 와서 아들러가 재평가되고 있는 가장 큰 이유는 심리치료의 방법으로서 그의 심리학이 시대를 앞섰기 때문이다. 프로이트가 무의식을 발견한 이래 심리치료는 우여곡절을 겪으며 발전해왔다. 그리고 현재는 무의식의 영역에 존재하는 '원인'을 찾기보다 의식 레벨에서 환자의 마음을 움직이는 방법이 주류를 이루고 있다. 이제야 시대가 아들러와 모리타를 따라잡았다고 할 수 있다.

그렇다고 앞서 '바람 앞의 등불'이라고 말한 것처럼 프로이트의 정신분석이 완전히 그 역할을 다한 것은 아니다.

예를 들어 코헛의 '공감'을 통한 경계성 인격장애 치료는 비교적 증상이 가벼운 자기애성 인격장애 환자에게 효과를 발휘했다. 케른베르크가 상대하던 중증의 경계성 인격장애 환자에게는 코헛의 치료법이 통하지 않는다.(중증의 경계성 인격장애 환자에게 적절한 치료가 어떤 것인지에 대해서는 여전히 의견이 분분하다.) 게다가 아들러나 모리타는 코헛의 환자보다 증세가 가벼운 신경증 환자들을 상대했다.

정도가 심한 경계성 인격장애 환자의 경우, 의식 수준의 대응만으로는 치료하기 어렵다고 알려져 있다. 역시 케른베르크처럼 무의식의 영역을 파고들 필요가 있는지도 모른다.

사실 케른베르크는 프로이트적인 방법으로 일정한 효과를 거두었다. 앞서 설명했듯이 코헛이 살아남은 것도 따지고 보면 정신분석에 비용을 지급할 수 있는 부유층에 자기애성 인격장애 환자가 많았던 덕분이지, 결코 케른베르크의 방식이 경계성 인격장애 환자에게 효과가 없었기 때문이 아니다.

그러므로 앞으로도 프로이트의 이론은 어떤 형태로건 살아남을 것이다. '무의식의 발견'은 그렇게 쉽게 버려질 정도로 초라한 업적이 아니다. 정신분석을 비롯한 심리치료가 계속되는 한 프로이트의 영향은 계속될 것이다.

제5장 심리학은 사람의 마음을 어디까지 치료할 수 있게 되었나?

'생각의 집착'에서 해방되기

지금까지 프로이트와 아들러의 이론을 중심으로 심리치료의 역사를 살펴보았다. 여러 번의 시행착오를 거치면서 마음의 병을 치료하는 데 '도움이 되는 심리학'이 살아남았다는 것을 알 수 있을 것이다.

물론 모든 병에 효과적인 만능 심리학은 없다. 가령 신경증과 경계성 인격장애를 치료하는 심리치료법은 각각 다르다. 경계성 인격장애라 해도 증상의 경중에 따라 그 치료법이 케른베르크와 코헛처럼 대립하기도 한다.

그런 의미에서 임상심리학의 이론이나 개념에 '정답'은 없다고 할 수 있다. 그 시대에 유행하는 병의 종류, 사회·경제적 상황, 사람들의 가치관과 행복감 등 세상의 변화에 따라 요구되는 심리치료법도 달라지게 마련이다.

그렇다면 현대사회의 수많은 마음의 병에 심리치료는 어떻게 접근하고 있을까?

개별 증상에 주목하기 전에 먼저 오늘날 논의되는 심리요법의 기본 개념에 대해 이야기하고자 한다. 핵심은 대략 세 가지다.

하나는 그 사람이 갖고 있는 '생각의 집착'을 풀어 유연한 사고가 가능하도록 하는 것이다. 그 전형적인 예는 인지치료와 인지행동치료인데, 예를 들면 스트롤로의 조직화 원칙도 일종의 '생각의 집착'에 해당된다고 할 수 있다.

또 아들러나 모리타의 목적론도 '생각의 집착'에서 벗어나는 데 도움이 되는 치료법이다. 아들러는 '아이가 문제 행동을 하는 것은 자신의 양육에 문제가 있기 때문'이라는 '생각의 집착'에서 부모를 해방시킨다. 모리타는 '얼굴이 빨개지면 사람들이 싫어한다'는 생각의 집착을 수정하여 환자의 행동을 바꾼다.

자기만의 생각에 집착하여 사안을 판단하는 것은 마음에 병이 있건 없건 모두에게 당연히 좋지 않은 일이다.

아울러 인지심리학에서는 사람의 인지에 틀을 부여하는 것을 '도식schema'이라고 부른다. 이는 누구에게나 존재하는 것으로, 도식이 없다면 일상생활에 지장이 생길 것이다.

예컨대 갖가지 형태의 의자를 보고 즉시 의자라고 판단할 수 있는 것은 의자에 관한 도식이 있기 때문이다. 생전 처음 본 모양의 의자가 의자라는 걸 인지하지 못한다면 탁자와 혼동하여 이상한 행동을 하게 될지도 모른다.

그러나 도식에는 양날의 검 같은 면이 있다. 가령 '의자는 앉는 도구'라는 도식이 지나치게 강하면 형광등을 갈 때 의자를 디딤대로 사용할 수 있다는 아이디어를 떠올리지 못한다. 지혜롭게 살아가기 위해서도 사고의 폭을 좁히는 '생각의 집착'은 가능한 한 피해야 한다.

아들러의 '공동체 감각'에서 배우는 대인관계의 팁

심리치료의 두 번째 기본은 원만한 대인관계를 만들어가는 것이다.

'인간의 고민은 전부 대인관계의 고민'이라는 아들러의 말처럼 건강한 마음을 유지하는 데 이보다 중요한 것은 없다. 임상심리학이 프로이트의 '원 퍼슨 사이콜로지'에서 코헛의 '투 퍼슨 사이콜로지'로 이행한 것도 이 때문이다. 치료자와의 감정적인 교류를 통해 대인관계를 맺는 능력을 개선하는 것이다.

아들러는 아동 교육에서도 이런 능력을 키우는 것이 중요하며 인간의 마음은 사회적 관계 속에서 만들어진다고 생각했다. 어떤 사회에나 적응할 수 있으려면 인간관계를 원만히 이끌어갈 수 있어야 한다.

그래서 아들러는 '공동체 감각'이 필요하다고 여겼다. 그는 '더이상 분할할 수 없는 존재로서의 개인'을 전체론적 관점에서 관찰했는데 마음의 문제는 개인의 내부에서만 해결할 수 있는 것이 아니다. 마음의 균형을 이루려면 스스로가 자신의 주위를 둘러싼 공동체의 일원임을 느껴야 한다.

아들러는 공동체 감각에 대해 '태어날 때부터 갖고 있는 잠재적인 가능성으로, 의식적으로 육성해야 한다'고 말한다. 누구나 가질수 있지만 가지려고 노력하지 않으면 자기 것이 되지 않는다. 그것은 마치 '자전거를 타기 위한 연습과 같다'고 아들러는 설명한다.

아들러에 따르면 공동체 감각이 미숙한 인간은 자신의 행동이 공동체에 어떤 영향을 미칠지 생각하지 않고 오로지 자신의 이익에만 관심을 갖는다. 반대로 공동체 감각이 발달한 사람은 자신의 이익뿐 아니라 공동체의 보다 큰 이익을 위해 행동한다.

둘 중 어느 쪽이 좋은가는 굳이 말하지 않아도 알 수 있으리라. 공동체 감각이 결여된 사람은 인간관계가 원만하지 않고 그로 인해 마음에 문제가 생기기 쉽다.

나는 이 '공동체 감각'이라는 개념이 코헛의 자기심리학 이론과 상당히 흡사하다고 본다.

공동체 감각을 익히려면 상대방의 입장에서 그의 마음을 상상

할 수 있어야 한다. 코헛이 주장하는 '공감'도 상대방의 입장에서 그의 마음을 관찰하는 것이다. '공감'은 코헛 이론의 중심 개념으로, 그는 성숙한 자아에게 반드시 공감 능력이 필요하다고 주장했다.

상대방의 마음을 헤아리지 않고 자신의 마음에만 집착해서 이해하기 어려운 행동을 하는 스토커같이 '미숙한 자기애'의 소유자는 아들러가 말하는 '공동체 감각이 결여된 인간'이기도 하다.

다만, 그중에는 아스퍼거 증후군asperger syndrome처럼 태어날 때부터 뇌 기능에 문제가 있어 타인과 정서적인 교류가 어려운 정신장애도 있다. 아스퍼거 증후군을 앓는 이는 공동체 감각이나 자기애의 성숙을 추구하기가 곤란하다.

그렇다 하더라도 대인관계 능력을 키우는 방법이 없는 것은 아니다. '상대방이 이렇게 하면 자신은 이렇게 한다'는 패턴을 익히면 비록 정서적으로는 반응하지 못하더라도 무난한 대인관계를 형성할 수 있다.

이는 '증상이 있어도 잘 살 수 있도록 한다'라는 모리타 요법의 발상과도 통하는 것이다. 전체론과 목적론에서 생각하면 '바꿀 수 없는 증상'에 집착하지 않고 부족한 부분을 기술적으로 보완할 수 있는 것이다.

감정을 제어하기 위한 지름길

세 번째 기본은 '감정 제어'다. 현대사회에는 우울증, 경계성 인격장애, 공황장애, 사회불안장애 등 감정을 제어하지 못해 본인이 괴롭거나 주위 사람에게 폐를 끼치는 병이 적지 않다. 이를 적절히 제어할 수 있도록 하는 것도 심리치료의 중요한 역할일 것이다.

그 수단은 병의 종류에 따라 다른데 어떤 형태로든 진정시켜 감정을 가라앉히는 경우도 많이 있다.

하지만 감정을 제어하지 못하게 된 사람에게 '진정하고 감정을 제어하자'고 하는 것도 그리 쉬운 일은 아니다. 그것이 쉬웠다면 애당초 우울증이나 공황장애에 걸리지 않았을 테니 말이다.

그래서 다른 방향으로 접근하여 감정 문제를 해결하려는 것이 인지치료와 행동치료. 특히 인지치료는 우울증에 효과를 발휘하여 우울증 치료의 주류가 되었다.

우울증은 '기분장애mood disorder'와 '정동장애affective disorder'에 속하는 질병군의 하나로, 감정 질병이다. 또 다른 정신병인 조현병은 망상에 시달리는 인지 질병으로 이와 대조적이라 할 수 있다.

그러나 앞 장에서 설명한 것처럼 감정 질병인 우울증에서도 '망상(인지의 왜곡)'은 발생한다.

감정이 침울하게 가라앉은 탓에 위가 살짝만 아파도 본인이 암에 걸렸을지도 모른다고 생각하거나, 갖고 있는 돈이 충분한데도 병에 걸려 회사를 그만두면 금방 파산해서 가난해질 거라고 믿는 등 현실과 동떨어진 생각에 사로잡혀버리는 것이다.

이 왜곡된 인지를 바로잡는 것이 바로 인지치료다. 왜곡된 인지를 고치면 침울한 감정이 완화되는데, 생각해보면 이는 신기한 일이 아닐 수 없다.

우울증 환자가 품는 망상은 감정이 침울하게 가라앉는 우울증의 결과로서 발생한다. 그 결과를 고치면 감정이라는 원인이 나아진다는 것은 '통증을 제거하면 골절이 낫는 것'과 똑같은 이치다. 이는 다른 상처나 병에서는 있을 수 없는 이야기다.(열이 내리면 기운이 나서 결과적으로 감기가 낫는 일은 있지만.)

그런데 마음의 병에서는 그 신기한 일이 현실로 일어난다. '인지질병'인 조현병도 주위 사람들이 상냥하게 대하는 등 따뜻한 감정을 느낄 수 있는 환경을 만들어주면 환자의 망상이 가벼워지는 경우가 있다.

우울증은 인지를 수정함으로써 감정이 나아지고 조현병은 감정에 호소하면 인지가 교정된다. 그러니 인지와 감정은 뗄 수 없는 관계인지도 모른다.

이렇게 인지의 변화 등을 통해 감정을 제어하는 것이 오늘날 심리치료의 경향이다.

의존증은 의지가 망가지는 병

지금까지 심리치료의 기본 개념에 대해 이야기했다. 물론 심리치료는 만능이 아니므로 모든 마음의 병에 반드시 효과를 발휘하는 것은 아니다. 당연히 심리치료만으로는 고치기 어려운 병도 있다.

그중 하나가 '의존증'이다.

쾌감이나 들뜬 기분을 동반하는 행위를 반복하는 동안 그 자극에 대한 욕구를 억제할 수 없게 되고 좋지 않다는 것을 알면서도 멈출 수 없는 상태가 의존증이다. 알코올이나 약물 등 종류에 따라서는 중지하면 금단 현상이 나타나기도 한다. 즉 '멈출 수 없는, 멈추지 않는' 병이라 할 수 있다.

현대사회에서는 이 의존증을 일으키는 자극이 증가하고 있다. 이전부터 존재하던 알코올, 니코틴, 약물에 가세하여 게임, 도박, 인터넷, 휴대폰(스마트폰) 등 한 번 빠지면 헤어나지 못할 우려가 있는 요소가 우리 주변에는 수없이 많다.

여기에는 기업가들의 책임도 크다고 할 수 있지 않을까? 특히 일본에서는 다양한 업종에서 '의존증 비즈니스'라고밖에 할 수 없는 사업이 운영되고 있다. 텔레비전을 보면 파친코, 휴대폰, 게임, 알코올같이 의존성이 높은 상품이나 서비스 광고가 넘쳐난다.

이런 상황이니, 앞으로는 의존증이 더 심각한 사회 문제가 될 가능성이 높다.

그런데 의존증에는 심리치료가 효과를 발휘하기 힘들다. 인지도, 감정도 아닌 '의지'가 망가진 병이기 때문이다.

일반적으로 의지가 강한 사람은 눈앞의 유혹을 이겨낼 수 있다. 이는 뇌에 있다는 '보상계'의 활약 덕분이다. 보상계는 태어날 때부터 갖고 있는 것이 아니다. 어릴 때부터 교육을 통해 '지금 이것을 참으면 나중에 큰 보상을 받을 수 있다'는 것이 뇌에 새겨진다.

마시멜로 테스트marshmallow test는 이 보상계의 활동과 사회적 성공의 관련성을 연구한 것이다.

네 살의 피험자가 앉아 있는 탁자 위에는 마시멜로가 하나 놓인 접시가 있다. 실험자인 어른은 "지금 이 마시멜로를 먹어도 돼. 하지만 내가 돌아올 때까지 15분 동안 먹지 않고 참으면 마시멜로를 하나 더 주지. 내가 없는 동안 이 마시멜로를 먹어버리면 다른 하나는 주지 않을 거야"라고 말하고 방을 나간다. 꾹 참고 마시멜로를 먹지 않은 아이들은 전체 피험자의 약 3분의 1 정도였다.

연구 팀은 10여 년 이후 그 아이들을 추적 조사했다. 그 결과, 네 살 때 자제력이 강했던 아이들은 커서도 여전히 자제력이 강하다는 점을 알 수 있었다.

또 마시멜로를 먹지 않았던 그룹은 참지 못하고 먹은 그룹보다 주위로부터 우수하다는 평가를 받거나 대학 입학 시험에서 높은 점수를 받았다. 공부는 '고진감래', 눈앞의 쾌락에 굴복하면 성적도 오르지 않으므로, 이는 누구나 납득할 수 있는 결과가 아닐까?

그러나 마시멜로를 먹지 않은 아이라도 의존증에 걸리면 보상계가 망가져 의지가 약해지고 의존증에서 빠져나오지 못하게 된다. '지금 이것을 하면 나중에 큰 벌을 받게 된다'는 사실을 알면서도 눈앞의 자극에 빠져들고 마는 것이다.

이들은 '도박에만 빠져 있으면 살기 힘들다'거나 '게임을 그만두지 않으면 공부나 일에 지장이 생긴다'고 아무리 논리적으로 설득해도 듣지 않는다. 본인도 이미 충분히 알고 있지만 본래 의지가 강한 사람이라도 마약 등의 의존증에 빠져버리면 멈출 수 없게 되는 것이다.

의존을 멈추게 하려면 그 자극을 완전히 차단하는 것 외에는 다른 방법이 없다.

그런데 알코올이나 도박과 달리 인터넷이나 휴대폰은 그 자체가 이미 생활필수품이 되어 실생활에서 완전히 차단할 수 없기 때문에 더 골치가 아프다.

아동의 경우 보호자가 관리하는 방법밖에 없다. '하루 3시간' 또는 '밤 8시 이후는 금지' 등의 규칙을 정해 지키도록 하지 않으면 의존증에서 벗어나지 못하게 될 것이다. 의존의 대상으로부터 멀리 떨어진 시간이 길면 길수록 의존증의 위험이 낮아져 확실히 예방할 수 있기 때문이다.

사죄 기자회견을 하면서도 쾌감을 느끼는
'연기성 인격장애'

경계성 인격장애도 현대사회에 상당히 흔한 정신 질환의 하나다.

신경증이나 정신병(우울증과 조현병)과 달리 증상을 한마디로 설명할 수 없기 때문에 무엇을 보고 인격장애로 판단할지 정하기는 상당히 어려운 문제다. 간단히 말하자면 '사회에 적응하기 어려운 개성'의 소유자라고 할까?

미국정신의학회가 펴낸 『정신장애 진단 및 통계 편람』에서는 인격장애를 다음 세 그룹으로 분류하고 있다.

그룹 A(기이奇異군): 색다르고, 자폐적이며, 망상에 빠지기 쉽고, 혼자 있으려고 한다.― 망상성 인격장애, 분열성 인격장애, 정신분열성 인격장애.

그룹 B(극적劇的군): 감정의 혼란이 심하고, 연기적이며, 정서적인 것이 특징. 스트레스에 취약하여 타인까지 문제에 끌어들이는 경우가 많다.― 반사회적 인격장애, 경계성 인격장애, 연기성 인격장애, 자기애성 인격장애.

그룹 C(불안군): 불안이나 공포심이 강하다. 주위 평가에 예민하며 그것이 스트레스가 되는 성향이 있다.― 회피성 인격장애, 의존성 인격장애, 강박성 인격장애, 상세 불명 인격장애.

정신분석의 역사에서 경계성이란 신경증과 정신병 사이에 위치하는 상태 전반, 즉 현대식으로 표현하자면 인격장애 전체를 가리킨다. 그러나 오늘날 정신의학에서 경계성은 10가지 인격장애 중 하나이며 그룹 B에 속해 있듯이 수많은 인격장애 중 하나로 보고 있다는 점이 특이하다.

어쨌거나 인격장애는 확실히 구분할 수도 없고 세계보건기구 WHO에서도 별도로 분류하고 있지 않으므로 각각의 장애에 대한 자세한 기술은 생략하기로 한다.

다만 앞의 리스트를 보면 인격장애가 대략 어떤 것인지 파악할 수 있을 것이다. 우리 주변에도 이런 증상이 의심되는 사람이 꽤 있을 것 같다.

또한 최근에는 대중매체에서도 인격장애가 의심되는 인물을 종종 볼 수 있다. 그들은 허위나 날조 등의 불상사를 일으켜 사죄 기자회견을 하면서도 묘하게 생기가 있거나 당당한 태도를 보이며 입에서 나오는 대로 아무렇게나 핑계를 늘어놓는다. 이들은 앞서 제시한 분류에 따르면 '연기성 인격장애'에 해당될 가능성이 있다.

아들러 식의 목적론에 따르면 그런 사람은 회견에서 아무리 호된 질문을 받아도 주저 없이 거짓말을 늘어놓을 것이다. 그 사람에게 거짓말은 많은 사람의 주목을 끌기 위한 수단이기 때문이다.

그러므로 회견장에 많은 기자가 몰려들고, 그 모습이 텔레비전을 통해 전국에 방영되어도 그들은 전혀 부끄러워하지 않는다. 오히려 주목받을수록 만족한다.

따라서 그런 사람이 자신이 행동을 반성하게 하려면 무시하는 것이 가장 좋은 방법일지도 모른다. 만약 기자회견을 하겠다고 알렸는데도 기자들이 관심을 보이지 않고 회견장에 거의 오지 않으며, 신문이나 텔레비전 보도도 대대적으로 나가지 않는다면 거짓말을 해도 목적을 달성하지 못하게 되므로, 자신이 한 행동을 후회하게 될 것이다.

그런 의미에서 인격장애에는 행동치료로 접근하는 것이 어느 정도 효과적이다. 주위의 반응이 자신의 기대와 다르고, 부적응 행동을 해도 목적을 이루지 못한다면 그 행동을 멈추게 될 거라고 기대할 수 있다.

다만 어떤 종류의 인격장애든 환자의 인격 자체를 심리요법으로 바꾸기는 매우 어렵다.

주로 자기애성 인격장애를 다루는 코헛의 정신분석도 '공감'을 통해 원만한 대인관계를 만들어가도록 할 수는 있지만 인격 자체를 바꾸기란 쉽지 않다. 치료에 수년이 걸릴 뿐 아니라 완치되었다는 것을 입증하기도 힘들기 때문에 미국에서는 보험 대상에서 제외된 것이다.

반사회적 인격장애는 치료가 불가능하다?

또한 인격장애 중에는 유감스럽게도 원칙적으로 치료가 불가능한 것도 있다. 바로 '반사회적 인격장애'다.

예전에는 이를 '사이코패스'라 불렀다.

반사회적 인격장애를 가진 사람은 윤리성이 결여되어 있거나 타인의 권리나 감정에 전혀 관심이 없고 태연히 거짓말을 하는 경향이 있다. 쾌락을 위해 흉악하고 엽기적인 살인을 저질러 세상을 경악시키는 이들도 대개는 반사회적 인격장애자다.

양심이나 타인에 대한 공감이 능력이 부족하기 때문에 일반인은 상상도 못하는 끔찍한 범죄를 저지르는 것이다.

이렇듯 위험한 반사회적 인격장애는 환자 본인을 위해서나 사회를 위해서도 치료하는 것이 좋다. 중증의 경계성 인격장애를 다루는 케른베르크의 정신분석으로 치료될 가능성은 있다. 그러나 대부분의 정신분석가가 '반사회적 인격장애만은 대책이 없다'고 손을 든 상태다.

그렇다면 어떻게 대처해야 할까?

반사회적 인격장애자는 일본 인구의 1~3퍼센트 정도라고 한다.

결국 법에 기댈 수밖에 없다. 이 유형의 인격장애는 다양한 문제를 일으키는데 그중에서도 최악인 살인만큼은 법의 힘을 빌려서라도 막아야 한다.

그리고 실제로 이미 (적어도 일본에는) 법률적 제동장치가 마련 돼 있는데, 바로 사형 제도다.

반사회적 인격장애자는 살인을 나쁘다고 생각하지 않고, 오히려 살인을 통해 쾌감을 얻기도 하므로 사형 제도가 있건 없건 마찬가 지라고 하는 사람도 있을 것이다.

그러나 그들도 자신의 생명은 타인의 생명처럼 하찮게 생각하지 않는다. 자신의 죽음은 역시 두려워한다.

때때로 범인이 '사형을 당하기 위해' 연쇄살인을 저질렀다고 말 하기도 하는데 이는 반사회적 인격장애가 아니라 우울증의 자살 충동과 관련이 있다는 설이 유력하다. 최근에는 우울증 치료제의 부작용이 이러한 폭력적인 정신 상태를 야기한다는 설도 있다.(실제 로 오사카의 이케다 초등학교 사건이나 아키하바라 묻지마 폭행 사건 의 범인도 비슷한 우울증 약을 복용하고 있었다는 사실이 밝혀졌다.)

어쨌든 사형 제도의 존치는 틀림없이 반사회적 인격장애에 의 한 범죄를 막는 데 효과적이라고 본다.● 그들의 성격을 고칠 수 없 다면 사형을 두려워하도록 인지 차원에서 접근하여 범죄를 저지할 수밖에 없기 때문이다.

● 아들러는 사형 제도Todesstrafe를 반사회적 인격장애의 예방책으로 제시한 바 없으 며, 오히려 정반대의 입장에서 사형을 전쟁이나 제노사이드 등 사회병리 현상과 동격으로 이해하고 있다. 그는 사회 문제를 주로 '교육'이나 '공동체 감각'의 맥락에서 다루었으며, 사 형 제도 역시 아동 정서에 좋지 않은 영향을 미친다는 의견을 분명히 했다. Alfred Adler, *Der Sinn des Lebens*(Frankfurt a.M: Fischer Taschenbuch, 1973), pp. 193~194 참 조─옮긴이

'법'은 어디까지 반사회적 인격장애 범죄를
저지할 수 있는가?

물론 사형 제도가 모든 살인을 예방하지는 못한다. 오히려 대부분의 살인 사건이 사형 제도의 존재 여부에 상관없이 발생할지도 모른다.

살인 사건의 약 90퍼센트는 원한 등에 의한 면식범의 범행이다. 그들은 '저놈이 살아 있는 한 맘 편히 살 수 없다' '저 사람을 죽여야만 내가 산다'는 식의 절박한 심정에 쫓기다가 범행을 저지르기 때문에 사형 제도는 범행을 억제하는 데 별로 도움이 되지 않는다.

또한 대부분의 사람은 살인을 저지르겠다는 생각조차 하지 않는데 그것은 사형 제도 때문이 아니다. 법이 아니라도 살인은 나쁜 일이라고 생각할 뿐만 아니라 애당초 죽이고 싶을 정도로 사악한 상대가 없기 때문에 살인을 저지르지 않는 것이다. 그렇게 생각하면 사형 폐지론도 어느 정도 설득력이 있어 보인다.

그러나 만약 사형 제도가 없다면 반사회적 인격장애에 의한 쾌락 살인이나 묻지마 폭행 사건이 증가할 가능성이 높다. 반사회적 인격장애자가 인구의 1~3퍼센트를 차지하므로 일본에는 100만~300만 명 정도의 '예비 범죄자'가 존재한다는 얘기다. 그중에는 사형 제도 때문에 살인은 꿈도 꾸지 않는 사람이 적지 않을 것이다.

그렇다면 우리는 이미 사형 제도 덕분에 생명을 보호받고 있다

해도 과언이 아니다.

　물론 사형 제도가 있어도 '완전범죄'를 서슴스런 삼이지 않으므로 살인을 하는 사이코패스는 있다. 하지만 그렇다고 흉악한 범죄에 대한 사형 제도의 예방 효과를 부정할 수는 없다. 우리가 죽임을 당하지 않아 실감하지 못할 뿐 실제로는 상당수의 살인 사건이 예방되고 있다고 볼 수 있지 않을까?

　또한 꼭 사형이 아니라도 반사회적 인격장애자가 싫어하는 형벌을 준비하는 것 역시 하나의 방법일 수 있다.

　예를 들어 일본에는 종신형이 없지만 평생 교도소에 있고 싶어 하는 사람은 아마 없을 것이다. 혹은 두 번 이상 강간죄를 저지른 사람에 대해서는 거세라는 형벌에 처하면 더 이상 강간죄를 저지르지도 저지를 수도 없게 된다.

　사형의 존폐 논의는 이러한 점을 충분히 고려하여 이루어져야 한다.

스토킹의 두 가지 유형

스토킹 또한 인격장애로 인해 발생하는 심각한 범죄 가운데 하나다. 최근 수년 동안 즈시, 신바시, 미타카 등에서 스토커 살인 사건이 발생했다.

이들 살인 사건은 모두 쾌락 살인이 아니라 면식범이 '부득이하게(본인의 자의적인 생각일 뿐이다)' 저지른 행위이므로, 반사회적 인격장애에 의한 것이 아니다.

그렇다면 스토킹은 어떤 인격장애에서 기인하는 것일까? 여기에는 두 가지 가능성이 존재한다. 먼저 앞서 언급한 세 사건 중 신바시 사건•과 즈시•• 미타카 사건•••은 아마도 의미하는 바가 조금 다를 것이다. 즈시와 미타카의 범인은 피해자의 '전 연인'이었지만 신바시에서 '귀청소방의 직원'을 살해한 범인은 피해자의 손님이기는 해도 사귀던 사이는 아니었기 때문이다.

즈시와 미타카의 범인은 모두 헤어진 전 연인을 괴롭히다가 결국에는 살해했다. 이는 비교적 전형적인 경계성 인격장애에 의한 범죄로 볼 수 있다.

이 유형은 자신이 사랑받고 있는 동안에는 '선한 자기'가 나타나지만 상대방이 냉정하게 대하거나 상대방을 나쁘게 생각하게 되면 멜라니 클라인이 말하는 '분열'이 발생하고 공격적인 '악한 자기'가

• 2009년 8월, 도쿄 신바시新橋의 주택에서 아키하바라秋葉原의 귀청소방(일종의 유흥업소—옮긴이) 종업원 여성이 동거하던 조모와 함께 단골손님이던 남성에게 살해된 사건.

•• 2012년 11월, 가나가와神奈川 현 즈시逗子 시에서 기혼 여성이 과거 교제하던 남성에게 살해된 사건. 피해 여성은 이름을 바꾸고 집도 옮긴 상태였는데, 살해한 남성이 협박죄로 체포되어 경찰이 여성의 결혼 전 이름과 주거지 등을 밝힌 것이 화근이 되었다.

••• 2013년 10월, 도쿄도東京都 미타카三鷹 시에서 피의자가 전 연인의 집에 숨어 기다리다가 피해자를 살해한 사건. 결별 통보를 받자 원한을 품고 전 연인의 나체 사진과 영상을 인터넷에 유포하는 '리벤지 포르노' 문제의 심각성을 세상에 알렸다.

얼굴을 내민다. 또 교제하던 동안 애정이 깊었을수록 결별을 통보받았을 때의 증오심도 크다.

한편 신바시 사건의 범인은 아키하바라의 귀청소방을 드나들며 항상 그곳에서 일하던 피해 여성을 지목했다. 그런데 어느 날 업소 밖에서의 만남을 거절당하고 업소 출입이 금지되자 그녀를 스토킹하기 시작했다고 한다.

다시 말해 피해자를 향한 범인의 일방적인 애정으로, 두 사람은 사귀던 사이가 아니었다. 좋아하는 연예인을 따라다니는 스토커와 비슷하다고 할 수 있다. 상대방의 마음은 생각지도 않고 자기 멋대로 상대방과의 관계를 특별하다고 착각하는 것이다. 이는 앞서 언급한 경계성 인격장애가 아니라 『정신장애 진단 및 통계 편람』에서 분류한 그룹 A에 해당하는 망상성 인격장애다.

어쨌거나 효과적인 심리치료법은 코헛이나 케른베르크의 정신분석일 것이다. 군이 말하자면 경계성 인격장애 두 유형 모두 치료하기 어렵다는 점에는 차이가 없다.

그러나 인격을 근본적으로 바꾸기는 어려워도 치료를 통해 조금이나마 적응 행동을 꾀할 수는 없을까? 물론 있다. 이 유형은 반사회적 인격장애와 다르기 때문에 살인이라는 최악의 사태에 이르지 않도록 제어할 수 있을지도 모른다.

치료를 받게 하기가 좀처럼 쉽지는 않겠지만 수도 없이 전화를 걸어 아무 말을 안 한다든가 집 앞에서 기다리는 등의 스토커 행위가 발각된 시점에서는 의학적 개입이 필요하다.

그런가 하면 스토커 행위로 붙잡힌 사람이 형을 마치고 사회에 복귀하자마자 다시 피해자를 괴롭히는 일도 적지 않다. 이 역시 수감 중에 어떤 형태로든 마음의 병을 치료한다면 그런 사태를 미연에 방지할 수 있을 것이다.

마약을 복용한 사람도 출소하자마자 곧바로 손을 대서 교도소로 돌아가는 사례가 많다. 특히 유명인이라면 '한심하고 어처구니 없는 놈'이라며 손가락질을 당하게 된다. 물론 교도소 안에서는 약을 끊을 수밖에 없지만 그렇다고 해서 의지가 망가진 병이 치료되는 것은 아니다. 재범을 방지하려면 범죄자에 대한 의존증 치료 프로그램을 충실히 정비하는 것도 좋은 방법이다.

거식증보다 과식증을 치료하기 더 어려운 이유

앞서 '의존증 비즈니스'를 언급했지만, 의존증 외에도 광고가 적지 않은 영향을 미치는 마음의 병이 있다. 여성에게서 많이 나타나는 거식증도 그중 하나다. 섭식장애의 일종으로, 정식 명칭은 '신경성 식욕부진증'이라고 하는데 이 병은 1960년대부터 1970년대에 걸쳐 폭발적으로 증가하기 시작했다.

어쩌면 이상적인 여성상에 관한 가치관 변화가 거식증이 폭증

하게 된 원인일 수 있다. 그전에는 풍만한 여성이 인기가 많았지만 1960년대부터 마른 여성을 선호하는 풍조가 나타나기 시작했다. '트위기(잔가지)'라는 애칭으로 사랑받던 영국 출신 모델 레슬리 혼비의 등장은 그러한 경향을 상징한다.

마른 몸매를 선호하는 풍조는 지금까지도 여전하다. 이는 잡지를 비롯한 미디어가 계속해서 마른 여성을 칭찬하기 때문이다. 『플레이보이』지의 센터폴드(잡지 중간에 접어 넣은 그림이나 사진)에 실리는 여성의 허리 사이즈가 줄면서 미국 내에서 거식증이 늘었다는 캐나다 정신의학자의 논문도 있다.

당연히 젊은 여성이 마른 몸매를 위해 식사를 제대로 하지 않으면 현재뿐 아니라 장래에도 건강에 좋지 않다. 이런 이유로 유럽에서는 지나치게 마른 모델을 등용하지 않으려는 움직임이 확대되고 있다. 그런데 일본은 세계에서 거식증이 가장 많은 나라임에도 불구하고 아무런 대응을 하지 않고 있다. 이대로라면 앞으로도 거식증 환자는 계속 늘어날 것이다.

거식증 치료는 주로 인지치료와 행동치료로 이루어진다. 인지치료에서는 '마른 몸매가 멋있다'는 생각을 바꿔 건강한 신체에 대한 올바른 인식을 갖도록 하는 것이 중요하다. 행동치료에서는 등교를 거부하는 아이의 손을 잡고 억지로 학교에 데리고 가는 것처럼 이유 불문하고 식사를 하도록 함으로써 생각을 고치게 한다.

여성의 섭식장애 가운데 과식증도 그냥 지나칠 수 없는 문제다.

과식증의 정식 명칭은 '신경성 대식증'이다. 보통 거식증에서 과식증으로 이행하는 예가 많기 때문에 거식증과 과식증은 동일한 질병의 앞뒤와 같다는 견해도 있다.

그러나 치료는 과식증이 더 어렵다. 거식증과 달리 과식증은 마르고 싶다는 단순한 욕구가 아니라 과거 부모에게 학대당한 경험에서 비롯되는 사례가 많기 때문이다.

학대 경험이 과식으로 이어지는 이유는 식사에 '부모의 애정'이라는 의미가 있기 때문이다. 거식증에 걸린 사람은 오히려 과잉 애정을 받는 유형이 많은데 '늘 어린아이였으면 좋겠다'는 생각이 강해서 더욱 마르고 싶어한다. 이에 반해 과식증에 걸린 사람은 애정에 굶주린 경우가 많다.

음식은 자신을 학대한 부모에 대한 기억과 연결되어 있기 때문에 과식증 환자는 식사를 하고 나서 부모의 사랑을 상징하는 음식을 토해버린다. 이는 '과식 구토'라 불리는 증상으로, 인지치료나 행동치료로는 좀처럼 개선되지 않는다. 또한 과식증은 자기애성 인격장애를 수반하는 경우도 있으므로 주위에서 좀 더 애정을 기울여 환자가 자신의 정체성을 재확립하게 하는 정신분석 치료가 필요하다.

'문제 행동'과 '집단 괴롭힘'에 효과가 빠른 대처법

정신질환은 아니지만 교육 현장에서 흔히 볼 수 있는 아동의 심리 문제에 대해 살펴보자.

최근들어 아이의 문제 행동과 관련해서는 행동치료가 활발하게 활용되고 있다.

일례로 미국의 학교에는 1990년대부터 이른바 '무관용zero-tolerance 원칙'이 도입되었다.

말 그대로 '관용'을 일체 배제하고 문제 행동에 대해 세세한 벌칙을 정해서 위반할 시에는 그에 따라 단호하게 처벌하는 것이다.

미국에서는 1970년대부터 교육이 심각하게 붕괴되어 학내에서의 총기 사건이나 약물 중독, 학력 저하 등 많은 문제가 발생했다. 교육 당국은 교내에 전문 상담가를 점차 늘려 아이들을 정신적으로 돌봤지만 문제는 전혀 나아지지 않았다.

그래서 채택한 것이 무관용 원칙이다. 이는 굉장히 엄격히 적용되는데, 예를 들어 규정된 회수를 초과해 지각이나 싸움을 하면 이유 불문하고 곧바로 문제아를 모아놓은 대안학교로 진학을 명령하거나 퇴학 시킨다. 이 원칙을 적용한 후 미국에서는 교내 폭력 사건 등이 급격히 줄어들었다.

상대방의 마음을 바꾸기보다 행동을 바꾸는 행동치료를 응용한 예라 할 수 있다.

한편 일본에서 생겨난 '내관법內觀法'이라는 심리치료도 미국에서는 비행 청소년의 치료에 활용되고 있다.

내관법은 실업가 출신 승려이기도 한 요시모토 이신이 창시했는데, 본래는 수련법이었다. 그것이 임상심리학에 응용되면서 일본에서 창시된 심리치료로서 모리타 요법과 어깨를 나란히 하는 치료법이 되었다.

치료의 기본은 모친 등 자신과 가까운 타인과의 과거 관계를 회상하는 것이다. 내담자는 모친 등에게 받은 것, 해준 것, 폐를 끼친 일 등 '내관 3항목'이라 불리는 관점에서 과거를 회상하고 그것을 면접자에게 고백한다.

단순히 자신의 내면에 주목하는 것이 아니라 타인(모친 등)을 거울 삼아 외부에서 자신을 관찰하는 것이다. 내관법은 그렇게 함으로써 인생관과 세계관이 변화하고 마음의 문제가 해결되기를 기대하는 치료법이다.

이는 과거에 받은 트라우마를 회상하는 심리치료와는 대조적이라 할 수 있다. 부모에게서 받은 학대의 기억을 떠올려봤자 '자신이 이렇게 된 것은 부모 탓'이라는 원망만 커질 뿐 역효과가 날 때가 많지만, 이 내관법으로 '부모에게 사랑을 받은 경험도 있다'는 사실을 깨달으면 마음이 나아지기도 한다. 과거의 생각을 없앤다는 점에서는 인지치료와 비슷하다고 할 수 있다.

또한 교육 현장에서는 '집단 괴롭힘' 문제도 심각하다.

집단 괴롭힘으로 인한 자살(집단 괴롭힘은 하나의 계기일 뿐 집단 괴롭힘만이 자살의 원인은 아니라는 것이 자살 연구자들의 공통된 의견이다) 같은 사건이 발생하면 언론은 '어두운 아이들의 마음' 운운하면서 '어떻게 하면 집단 괴롭힘을 근절할 수 있을까' 논의하기 시작한다. 그렇다면 집단 괴롭힘을 가하는 아이의 마음은 병들어 있는 것일까?

아들러의 열등콤플렉스 이론에 따르면 인간은 누구나 타인보다 우월한 존재이고 싶어한다.

그러므로 '집단 괴롭힘은 나쁜 짓이다' '욕을 해서는 안 된다'고 지적해도 아이들의 마음은 바뀌지 않을 것이다. 누군가를 자신보다 아래로 내려다보고 싶은 마음은 변하지 않으므로 '모두 사이좋게 지내자'고 지나치게 강조하면 오히려 집단 괴롭힘이 눈에 보이지 않는 곳에서 은밀하게 이루어질 가능성이 높다.

또 자연스러운 소통 과정에서 등장하는 욕을 억제하면 아이들의 커뮤니케이션 발달에 오히려 방해가 될 수 있다.

그보다는 규칙을 명확히 정하고 무관용 원칙을 도입해서 폭행이나 협박 같은 범죄적인 집단 괴롭힘은 엄벌에 처하도록 제도를 정비하는 편이 좋다.

혹은 아들러의 말처럼 다른 일로 주목받는, 이를테면 우수한 성적이나 운동 등을 통해 높이 평가받는 시스템을 확립하는 편이 바람직할지도 모른다.

프로이트와 아들러로부터 100년

뇌과학만으로는 마음의 구조를 해명할 수 없다

일본의 정신의학은 지금까지 심리치료를 별로 중시하지 않았다. 모리타 요법이나 내관법처럼 우수한 심리치료법도 탄생했지만 적어도 의과대학의 주류는 생물학적 정신의학이다.

뇌에는 하드웨어와 소프트웨어가 존재하므로, 뇌과학과 심리학은 양쪽 모두 필요하다. 마음의 병을 치료하는 데 있어 이 둘은 자전거의 두 바퀴와도 같다. 그러나 현재 일본 정신의학계는 뇌과학에 더 치중하고 있는 상황이다.

일본의 대학에서는 무슨 이유에서인지 '뇌의 소프트웨어'를 다루는 심리치료나 정신치료를 그리 중시하지 않는다. 오늘날 일본에는 80곳의 의과대학이 있는데 그중에서 정신치료 전문가가 정신과의 주임 교수를 맡고 있는 곳은 한 군데도 없다.

물론 정신치료를 완전히 무시하는 것은 아니지만 정신과의 수장은 하나같이 생물학적 정신의학 전문가가 맡고 있다. 일본 내에서는 이러한 현상이 당연시되고 있지만 이는 국제적으로 상당히 왜곡된 현상이다. 다시 말해 일본 정신의학계는 상당히 균형을 잃은 상황이다.

이런 환경에서는 당연히 '뇌의 하드웨어'에 관한 연구가 중심이 된다. 교수가 정신치료의 유효성을 크게 인정하지 않기 때문에 그 밑에서 배운 정신과의도 정신치료에 관한 트레이닝을 거의 받지 못한다. 생물학적 정신의학에 관한 트레이닝만 받기 때문에 '약물 과용'이 횡행하는 것이다.

눈에 보이는 장기를 관찰하여 아픈 곳을 찾고 그것을 치료하기 위해 약물을 처방하는 것은 일반 내과에서도 흔히 접할 수 있는 의료이므로, 이것이야말로 '의학다운' 치료라고 생각하는 사람도 많을 것이다. 눈에 보이지 않는 '뇌의 소프트웨어인 마음'을 치료하는 정신치료보다 뇌과학에 의거한 약물 치료가 더 알기 쉽고 신뢰가 간다는 사람도 있다.

그러나 뇌과학으로 인간의 정신 구조를 해명하기란 그리 쉬운 일이 아니다. 살아 있는 인간의 뇌를 꺼내 연구할 수는 없기 때문에 생물학적 뇌과학의 연구 대상은 거의 동물의 뇌다.

물론 동물의 뇌를 연구해 올린 성과도 크다. 그러나 동물의 뇌를 통해 밝혀진 사실이 반드시 인간의 뇌에도 해당되는 것은 아니다. 이처럼 인간의 뇌에 대한 실증은 매우 어렵다.

그래서 뇌과학 분야에서는 주류 학설이 자주 바뀐다.

이를테면 인간 뇌의 신경세포 수는 30년 전까지만 해도 '약 140억 개'라고 했었다. 그런데 현재는 '천수백억 개'라는 것이 뇌과학의 상식이다. 이전과는 엄청난 차이다. 이런 기초적인 사실에서 조차 학설이 크게 달라지고 좀처럼 결론을 내지 못하는 것이 뇌과학이다.

항우울제의 위험성

지금까지 우울증과 관련해서는 '특효약'이라 할 만한 몇 가지 약물이 등장했다. 그 대표적인 예가 1988년에 출시된 프로작Prozac이라는 약인데, 이 약은 당시 '해피 드러그happy drug'로 불리기도 했다. 그 후 프로작을 개량한 SSRI나 SNRI 등이 등장하면서 항우울제의 주류를 이루었다.

이들 약물이 기존의 항우울제보다 뛰어난 점은 신체의 다른 부분에는 별다른 영향을 미치지 않고 뇌에만 작용하므로 부작용이 적고 우울증 환자에게 부족한 뇌의 세로토닌이나 노르아드레날린만 증가시킨다는 점이다. 그러나 이전의 항우울제에 비해 효과가 특별히 뛰어났던 것은 아니었다.

게다가 SSRI나 SNRI에는 무시할 수 없는 단점이 있었다. 우울증을 치료하기 위한 약임에도 불구하고 복용자의 자살률이 이전의 항우울제보다 높다는 점이다.

우울증 치료에 효과적인데 자살이 늘어난다는 말이 조금 이상하게 들리겠지만 우울증 환자가 가장 자살하기 쉬운 시기는 병이 나을 때쯤이다. 병이 위중할 때는 자살할 기운도 없지만 증상이 조금 좋아지면 혼자 활동도 할 수 있게 되어 오히려 자살 위험이 높아지는 것이다.

또한 SSRI는 의존성이 강하다는 지적도 있다. 이는 신경안정제나 수면제에 항상 따라다니는 문제다. 이런 약물에 의존하는 사람은 적게 어림잡아도 일본 내에만 10만 명이라고 한다.

따라서 신경안정제나 수면제가 밀매 등 범죄의 온상이 되는 것은 말할 필요도 없다. SSRI도 그렇게 될 가능성이 있다.

더 큰 문제는 이 약이 환자를 '주체하기 어려울 정도로 기분이 고양되어 공격적이 되게 한다'는 점이다. 실제로 흉악한 살인 사건을 일으켜 세상을 경악하게 한 범인 중 대부분이 SSRI를 복용하고 있었던 것으로 알려졌다.

물론 SSRI를 복용하는 모든 사람이 그런 사건을 저지르는 것은 아니다. 그럴 확률은 매우 낮다. 그러나 여러 사건의 범인이 공통적으로 같은 종류의 약을 복용했던 것은 사실이다. 단일 증상의 우울증 환자(우울 증상만 있을 뿐 조증은 없는 환자)는 그리 문제되지 않지만 조울증 환자가 우울 상태에서 SSRI를 복용하면 갑자기 조증 상태로 바뀌어 경우에 따라서는 '큰 범죄를 저지를 정도로 기운이 넘치게' 되는 것이다.

그래서 일본과 미국의 우울증학회는 '가벼운 우울증에는 함부로 약을 사용하지 말라'고 분명히 밝히고 있다. 이 병에 관해서는 되도록 약을 사용하지 않고 심리치료로 대응하는 것이 세계적인 경향이라 할 수 있다.

우울증의 원인은 세로토닌이 부족해서가 아니다?

우울증의 원인에 대해서도 지금까지와는 다른 주장이 제기되고 있다. 예전에는 세로토닌이라는 신경전달물질 부족으로 우울증이 발병한다는 학설이 유력했고, 그 학설에 따라 약이 만들어졌다.

그러나 세로토닌 자체를 늘리는 항우울제를 투여해도 곧바로 효과가 나타나지 않는다. 1~2주 정도 경과한 후에야 효과가 나타난다.

그래서 연구를 지속한 결과, 세로토닌 부족이 우울증의 원인이 아니라고 보게 되었다. 세로토닌 자체가 부족한 것이 아니라 세로토닌을 흡수하는 신경세포 쪽에 이상이 있어 우울증을 일으킨다는 것이 오늘날의 통설이다.

그러나 이 또한 최종적인 결론이 아니다. 새로운 사실이 발견되면 또 다른 방식에 따라 약이 개발될 것이다.

애당초 약이 아무리 발달해도 그것만으로 정신질환을 모두 치료할 수 있으리라고는 여기지 않는다. 그것은 뇌의 '하드웨어'만 수리하는 것이기 때문이다.

뇌의 하드웨어만 고쳐서 될 문제라면 언젠가는 '유도 만능 줄기세포(iPS cell)' 같은 만능 세포를 이용해 필요한 부분을 '신품'으로 교체할 수 있게 됨으로써 약조차도 필요 없게 될 것이다.

그러나 컴퓨터는 하드웨어가 아무리 완벽해도 그것과 상관없이 소프트웨어에 버그가 발생한다. 인간의 뇌도 마찬가지다.

현재는 우울증이나 조현병을 '하드웨어의 병'이라고 간주하고 있지만 그것이 사실인지는 확실하지 않다. 어쩌면 '소프트웨어의 버그'일 수도 있으며, 만약 그렇다면 뇌과학이 아무리 진보한다 해도 완전한 치료는 불가능할 것이다.

실증적인 과학으로서의 심리학

뇌과학과 달리 심리학은 뇌를 직접 다루지 않기 때문에 살아 있는 인간에게 '실험'을 할 수 있다. 특정한 인풋에 따른 아웃풋은 어떠한가? 이를 수많은 피험자를 대상으로 실험하고 통계를 내면 '뇌의 소프트웨어'가 어떻게 활동하는지 알 수 있다.

실험을 통해 얻어진 결론은 그리 쉽게 뒤바뀌지 않는다. 파블로프가 개를 실험하여 조건반사라는 현상을 밝혀낸 것은 20세기 초반의 일이지만 100년이 지난 지금까지도 확고히 자리 잡고 있다.

독일의 심리학자인 헤르만 에빙하우스가 조사한 '에빙하우스의 망각 곡선'도 실험으로 이룬 업적 중 하나다. 그는 피험자에게 의미가 없는 세 글자를 암기시키고 그것을 어느 정도까지 기억하는지 실험했다. 그렇게 해서 밝혀진 기억과 망각의 시간관계는 150년이 지난 지금까지도 인정받고 있다.

이런 사례를 고려하면 인간의 특성이나 경향을 밝히는 데에는 뇌과학보다는 심리학이 더 실증적이라고 할 수 있지 않을까?

일반적으로는 뇌과학이 더 '과학적'이고 심리학에는 어쩐지 약간 수상쩍은 기운이 느껴질 수도 있다. 그러나 확실한 실험이나 경험칙 등을 토대로 구축된 심리학은 충분히 과학적인 학문이다.

'고장난 하드웨어'를 고쳐도 문제는 해결되지 않는다

'소프트웨어의 버그'로서 정신질환이 존재하는 이상 심리치료가 필요 없어지는 일은 없을 것이다. 심리치료를 경시하는 일본의 정신의학은 상당히 균형을 잃은 상태다.

뇌의 화상진단을 전문으로 하는 일류 의과대학 교수 중에는 '환자의 얘기를 듣다 보면 오진을 하게 되지만, 화상진단만 하면 우울증이나 조현병을 오진할 수가 없다'고 단언하는 사람도 있다.

그런 학자에게는 프로이트의 정신분석이건, 아들러의 개인심리학이건, 모리타 요법이건, 이른바 심리치료라 불리는 모든 것이 추측이나 경험칙에 의거한 비과학적인 정신의학으로 보일 것이다.

그러나 나는 인간의 마음과 정신이 그렇게 단순하다고는 생각하지 않는다. 물론 뇌의 하드웨어를 이해하기 위해 화상진단 기술이 진보하는 것은 매우 바람직한 일이지만 그것만으로 소프트웨어를 포함하여 뇌의 모든 것을 알 수 있는 것은 아니지 않는가?

게다가 예를 들어 우울증이 '하드웨어의 고장'이고 그것을 뇌과학으로 완치할 수 있다 해도 그것은 환자의 '일부분'에 지나지 않는다. 중요한 것은 환자의 생활과 삶 전체에서 의료가 어떤 역할을 하는가다.

실제로 우울증이 치료된 후에도 사회에 잘 적응하지 못하는 사람이 있는가 하면, 반대로 우울증을 앓으면서도 사회에 적응하며 살아가는 사람도 있다. 전자는 생물학적 정신의학의 결과이고, 후자는 모리타 요법 같은 심리치료의 결과다.

몸의 병으로 시야를 넓혀보더라도, 고혈압이나 당뇨병 등의 지

병을 갖고 있지만 정상적인 사회생활을 하는 사람은 굉장히 많다. 그렇게 생각하면 '병을 앓으면서도 어떻게 사회에 적응하며 살아가는가' 하는 문제야말로 현대인의 보편적인 관심사라고 볼 수 있다.

'의사는 병만 고치면 된다'고 말하는 사람도 있겠지만 그런 부분론은 이제 시대에 뒤떨어진 사고가 아닐까? 전체론적인 입장에서 환자의 삶의 질을 높이는 것이 앞으로 의료에 요구되는 역할이다. 이를 100년 전부터 지향하던 사람이 바로 알프레트 아들러이고 모리타 마사다케였다.

인간이 추구하는 궁극적인 '행복'

뇌과학에 기초한 정신의학으로 해결할 수 있는 것은 객관적인(정말로 객관적인지는 의문스럽다) 부분이다. 과학의 본질이 바로 그런 것이라고 주장하면 더 이상 할 말이 없지만 아무리 과학이 진보해도 인간의 마음에 주관적인 세상이 존재한다는 사실은 부정할 수 없다. 그리고 인간이 추구하는 것은 결국 주관적인 행복이다.

개중에는 행복을 돈이라는 객관적인 잣대로 측정할 수 있다고 믿는 사람도 있을 것이다. 그런 사람은 수입이 많으면 많을수록 더 행복하다고 생각한다.

그러나 스탠퍼드대학의 심리학 교수이자 노벨상 수상자인 대니

얼 카너먼의 행동경제학 연구에 따르면 인간의 행복감은 어느 정도까지는 수입이 늘어날수록 커지지만 수입이 일정 수준 이상이 되면 반대로 작아진다고 한다.

수입이 늘어나면 분명 보안에 대한 걱정도 해야 하고 돈을 노리고 접근하는 사람에 대한 경계심도 강해지므로 정신적인 스트레스도 심해질 것이다. 인간의 행복에는 확실히 객관적인 잣대로는 측정할 수 없는 부분이 존재한다.

아무리 발버둥 쳐도 객관적인 과학은 주관적인 행복을 다룰 수 없다. 과학이 진보하더라도 그 기술로 인간의 주관적인 세계를 바꿀 수는 없는 것이다. 예를 들어 iPS 세포가 본격적으로 실용화되면 심장이나 피부를 젊어지게 할 수 있을지도 모른다. 그렇다면 뇌는 어떨까?

운동 기능을 관장하는 세포 등은 iPS 세포로 젊음을 회복할 수 있을 것이다. 그러나 대뇌피질에 iPS 세포를 이식해 초기화했을 때, 그곳에 기록되어 있던 정보는 어떻게 될까? 그 정보를 복사하여 이식하는 일은 아마도 불가능할 것이다. 이것이 바로 과학에서는 다뤄질 수 없는 인간의 주관적인 정신세계다. 나는 이러한 점을 등한시한 채 발전하는 의학이 인간의 전체적인 행복에 기여할 수 있으리라고 보지 않는다.

심리치료 배후의 동향

그러므로 정신의학 분야에서 심리치료가 없어지는 일은 없을뿐더러 또한 없어져서도 안 된다. 심리치료는 인간의 주관적인 문제와 관련돼 있기 때문에 단순히 '병을 치료하는 것'에서 끝나지 않는다.

물론 심리치료는 어디까지나 의료 영역이므로 '저렴한 비용으로 신속하게 치료하는 것'은 중요한 사명이다. 사실 이는 심리치료가 추구하는 목표이기도 했다.

그렇게 해서 탄생한 것이 인지치료와 행동치료다. 정신분석이나 모리타 요법(때로는 극히 단기간에 치료가 끝나기도 하지만) 같은 심리치료법에 비하면 인지치료나 행동치료는 즉시 효과를 발휘할 뿐 아니라 비용도 저렴하다.

하지만 이는 심리치료의 '표면적인 동향'이다. 적어도 이 책을 처음부터 읽어온 독자라면 그 이면에 또 다른 '배후의 동향'이 있다는 것을 알 것이다.

바로 환자의 심리치료가 '삶'에 어떻게 관여하는가의 문제다.

프로이트의 정신분석은 '신경증 치료'에서 시작되었다. 프로이트는 다윈주의의 영향을 받아 인간을 동물과 다른 존재로 생각하지 않았기 때문에 자신의 환자가 어떤 삶을 살지에 대해서는 생각해본 적도 없을 것이다.

그러나 프로이트와 같은 시대를 살았던 아들러는 환자의 병 이

외의 부분까지 시야를 넓혀 주관적인 행복을 어떻게 실현할지를 생각했다. 아들러는 의료와는 동떨어진 교육에도 관심을 가졌고 교육의 목적은 '사회 적응'이라고 생각했다. 그래서 심리학을 활용하여 더욱 나은 '삶'을 모색했다.

그런 아들러 심리학의 특징을 단적으로 드러내는 것이 앞 장에서 소개한 '공동체 감각'의 개념이다.

아들러는 자신의 이익만을 고집하기 보다 공동체의 이익을 추구하고 행동할 수 있는 사람이 좋은 인간관계를 맺을 수 있다고 여겼다. 아들러에게 인간의 고민은 모두 대인관계에 관한 고민이기 때문에 마음의 고통에서 벗어나기 위해 공동체 감각은 반드시 필요한 요소다.

이러한 발상은 심리치료의 '배후 동향'으로서 그 맥을 이어왔다. 이는 코헛이나 스토롤로 등의 투 퍼슨 사이콜로지에도 존재한다.

무엇보다 코헛이나 스토롤로의 심리학은 어디까지나 병을 치료하는 것이 주된 목적이었다. 그러나 1990년대에는 '더 나은 삶'에 대해 다룬 심리학 서적이 베스트셀러가 되었다. 바로 대니얼 골먼의 『EQ 감성지능』이다.

이 책에서 골먼은 IQ가 높은 것만으로는 인생에서 성공할 수 없다고 강조했다. 조직에서 상사나 부하와의 인간관계를 원만히 유지하고 많은 사람과 팀을 만들어가려면 타인의 감정을 읽고 공감하는 능력이 중요하다. 이것이 골먼이 말하는 '감성지능'이다. 이 책은 심리학 서적이라기보다는 자기계발서로서 큰 인기를 끌었다.

아들러에게서 시작된 심리학의 '배후 동향'은 골먼의 '감성지능' 개념에서 정점을 이루고 있다. 이 책에서 아들러 심리학에 대해 언급하고 있지는 않지만 골먼은 어떤 형태로든 간접적으로 아들러의 영향을 받았음이 틀림없다.

자신에게 '도움이 되는 심리학'이란?

어쨌거나 프로이트와 아들러로부터 시작된 임상심리학은 100년에 걸쳐 서서히 그 폭을 넓히면서 현재에 이르렀다.

한편에는 '저렴한 비용으로 신속하게 병을 치료'하는 역할을 하는 인지치료와 행동치료가 있고, 다른 한편에는 '더 나은 삶'을 제시하는 자기계발을 위한 심리학이 있다. 이 두 심리학 사이에도 원인론부터 목적론까지, 부분론부터 전체론까지, 혹은 가벼운 증상부터 심각한 증상을 치료하는 것까지 다양한 심리치료 방식이 존재한다.

심리치료는 어떤 것이 옳고, 어떤 것이 그르다고 섣불리 판단할수 없다. 여러 유형의 심리 치료법이 존재한다는 것 자체에 커다란의미가 있다. 다양한 심리학이 존재한다는 것은 다양한 '도구'가 있다는 뜻이기 때문이다.

나는 한때 미국에서 공부한 적이 있는데, 그곳에서 가장 좋았던 점은 다양한 형태의 치료법을 배웠다는 것이다.

심리치료사는 환자를 선택할 수 없기 때문에 가능한 한 많은 환자에게 적용할 수 있는 기술이 있어야 한다. 그러므로 치료에 '사용할 도구'는 많을수록 좋다. 다양한 형태의 치료법을 알고 있으면 환자의 상황에 따라 각기 다른 치료법을 시도해볼 수 있다.

환자를 효과적으로 치료하는 것이 목적이라면 굳이 한 가지 치료법에 얽매일 필요가 있을까? 코헛의 치료법이 효과를 발휘하지 못하면 프로이트의 방식이나 모리타 요법 등 사용할 수 있는 다른 치료법을 시도하면 된다.

이는 환자 입장에서도 마찬가지다. 심리치료를 받을 때, '어떤 치료법이 적합한지'는 굳이 따져볼 필요가 없다. 오직 '어떤 치료법이 내게 맞는지'만 판단하면 된다. 처음부터 무엇이 자신에게 맞는지는 알 수 없으므로, 시행착오가 있어도 상관없다. 하다 보면 반드시 자신에게 맞는 치료법이 있을 것이다.

그중에는 조금 수상쩍은 분위기의 치료법도 없지 않다. '전생요법'●처럼 점성술인지 의료인지 구분하기 어려운 것도 있다.

하지만 그 치료법으로 병이 낫거나 불안감 혹은 공포로 괴로웠던 마음이 편안해지는 등 더 나은 삶을 살 수 있게 된다면(실제로

●　전생요법past life therapy, 최면 치료의 일종으로 환자의 기억을 본인의 출산 이전까지로 되돌려 심리적 외상을 치료할 수 있다고 주장하는 치료법이다.—옮긴이

효과를 본 사람이 있기 때문에 치료법으로서 살아남은 것이라고 본다) 그 사람에게는 '도움이 되는 심리학' 아닐까?

이 책을 읽고 어떤 생각이 드셨습니까?

짧은 지면에 가능하면 현대 심리치료의 주된 이론을 다 담으려다 보니 각각의 해설이 충분하지 않았을지도 모릅니다.

하지만 제가 말씀드리고 싶었던 것은 매우 간단합니다.

첫째, 인간의 마음을 어떻게 이해하고, 연구하고, 치료할지 등은 하나의 이론으로 설명할 수 없기에 이에 관해서는 다양한 견해가 있을 수 있다는 점입니다.

즉 인간의 마음이라는 것은 그리 단순하지 않으며, 이를 바라보는 시각도 다양합니다.

둘째, 그럼에도 불구하고 그러한 이론은 모두 현재까지 살아남았고 수많은 사람의 마음을 연구하며 개선돼왔기 때문에 어떤 의미에서는 모두 옳다는 점입니다.

셋째, 자신의 마음을 이해하고 편안하게 하기 위해, 혹은 대인 관계와 직장 생활에서 도움을 받기 위해 설령 어떤 이론이 자신과 맞지 않더라도 또 다른 이론의 도움을 받아보는 것이 중요하다는 점입니다. 그러다 보면 대개는 자신에게 맞는, 자신에게 도움이 되는 마음의 이론을 찾을 수 있을 것입니다.

저 같은 정신과 의사나 임상심리사는 그를 위해 더 많은 이론을 알 필요가 있고, 하나의 치료법으로 효과를 보지 못했다면 다른 치료법에 도전할 필요가 있다고 생각합니다.

'자기다운 삶'이란 자신의 마음에 맞는, 자신에게 도움이 되는 심리학을 발견하고 앞으로의 삶을 편안하게 이끌어가는 것일지도 모른다는 생각을 해봅니다.

이 책이 '자기다운 삶'을 살아가는 데 도움이 되기를 바랍니다.

마지막으로 이 책의 편집에 힘써 주신 오카다 히토시 씨와 세슌 출판사의 나카노 가즈히코 씨에게 이 자리를 빌려 깊이 감사드립니다.

2014년 7월

와다 히데키

주요 참고문헌

Mitchell. S. A. & Black. M. J., *Freud and Beyond: A History of Modern Psychoanalytic Thought*, Basic Books

어니스트 존스, 『프로이트의 생애와 업적』, 다케토모 소후 외 옮김, 기노쿠니야 서점

알프레트 아들러, 『개인심리학 강의: 삶의 과학』, 기시미 이치로 옮김, 아르테

알프레트 아들러, 『아동 교육』, 기시미 이치로 옮김, 잇코샤

앤 후퍼·제러미 홀포드, 『아들러 심리학 입문』, 스즈키 ㅿ시야 옮김, 잇코샤

앙리 엘랑베르제, 『무의식의 발견 상·하』, 기무라 빈 외 옮김, 고분도

에드워드 호프먼, 『아들러의 생애』, 기시미 이치로 옮김, 가네코쇼보

기시미 이치로, 『아들러 심리학 입문』, 베스트셀러즈

기타니시 겐지·나카무라 다카시, 『모리타 요법』, 미네르바쇼보

모리타 마사타케, 『신경질의 본태와 요법』, 하쿠요샤

와다 히데키, 『일본인에게 맞는 마음의 건강법』, 신코샤

─────, 『고민하는 방법』, 디스커버21

─────, 『자기애의 구조』, 고단샤

─────, 『마음과 마주하는 임상심리학』, 아사히신문출판

─────, 『통쾌한 심리학』, 슈에샤

찾아보기

옮긴이의 말

최근 서점가에서는 아들러 심리학을 해설한 책 『미움받을 용기』, 『늙어갈 용기』 등이 큰 인기를 얻고 있다. 이 책은 그동안 프로이트 이론을 중심으로 논의되던 심리학의 지평을 넓혀 아들러 심리학의 현대적 가치와 심리치료의 최신 경향에 주목한다.

저자는 무의식 등이 인간의 마음을 규정한다는 '원인론'의 프로이트 심리학과 어떤 마음 상태에는 목적이 있다고 생각하는 '목적론'의 아들러 심리학을 비교하며 프로이트와 아들러를 시작으로 현재에 이르는 심리학과 정신의학의 역사, 그리고 각 심리학의 개론을 정리하고 있다.

와다 히데키는 정신과 의사이며, 임상심리사, 평론가, 영화감독, 소설가로도 활동하고 있다. 그는 이 책에서 프로이트와 아들러, 융

심리학의 차이를 비교·해설하는 동시에 아들러 심리학과 모리타 요법의 유사성에 대해서도 설명한다.

서장에서는 뇌와 마음의 관계에 대해 장기로서의 뇌세포와 신경 전달물질이 '뇌의 하드웨어'라면, 마음은 '뇌의 소프트웨어'라고 알기 쉽게 정의하고 있는데, 약을 사용하여 치료하는 생물학적 정신의학의 치료 대상은 뇌이고, 약을 사용하지 않는 임상심리학의 치료 대상은 마음이다.

제1장과 제2장에서는 프로이트와 아들러, 융에 대해 이야기하고 있다. 엄격한 가정에서 자라 무엇이건 성욕으로 설명하고자 했던 프로이트. 빈곤한 노동자들을 진찰하면서 열등콤플렉스라는 개념을 정립한 아들러. 본부인과 애인을 같은 집에 살게 할 정도로 자유분방한 생활을 하면서 무의식의 근원을 신화와 고대 사상에서 찾으려 했던 융. 어쩌면 이 세 사람의 생각이 현대 임상심리학을 구축했다고 할 수 있지 않을까?

아울러 저자는 프로이트의 치료를 원인 추구형, 아들러의 치료를 목적 추구형이라고 하며, 나아가 아들러와 동시대에 일본에서 활약한 '모리타 요법'의 창시자 모리타 마사타케를 다루고 있다. 그리고 부분보다는 전체, 원인이 아닌 목적, 과거보다는 현재를 중시하는 것이 아들러 심리학과 모리타 요법의 공통점이며, 두 사람의 심리학은 마음의 병을 고치는 정신치료가 아니라 더 적극적으로 상대를 건강하게 만드는 심리치료라고 평가한다.

제5장에서는 현대사회에 필요한 심리치료의 세 가지를 설명하는데, 생각의 집착에서 해방되는 것, 원만한 대인관계를 갖는 것, 감정을 제어하는 것이 그것이다. 현대에는 심리치료로 고치기 어려운 '의존증'이나 경계성 인격장애 같은 정신 질환이 상당히 많다. 치료가 불가능하다는 '반사회적 인격장애'에 대한 대처법으로 저자는 사형 제도를 언급하고 있는데 이 점 또한 흥미롭다.

마지막 장에서 저자는 뇌에는 하드웨어와 소프트웨어가 존재하므로, 뇌과학과 심리학은 마음의 병을 치료하는 데 있어 자전거의 두 바퀴와도 같다고 설명한다. '고장 난 하드웨어'를 고쳐도 문제가 해결되지 않으므로 중요한 것은 '병을 앓으면서도 어떻게 사회에 적응하며 살아가는가'라는 것이다. 그러면서 저자는 인간이 추구하는 것이 결국 주관적인 행복이라고 강조한다.

프로이트와 아들러에게서 시작된 임상심리학은 100년에 걸쳐 진보하면서 '마음의 병을 치료하는' 인지치료와 행동치료, '더 나은 삶'을 제시하는 자기계발을 위한 심리학 등으로 발전했다. 그리고 그 안에도 다양한 심리학이 존재한다. 중요한 것은 시행착오를 거치면서 자신에게 맞는, 자신의 삶을 더욱 행복하게 하는, 더 나은 삶을 위해 도움이 되는 심리학을 찾는 것이다.

2016년 1월

이민연

옮긴이 | 이민연
서울여자대학교 일문학과를 중퇴하고 일본 루테르학원대학을 졸업해 전문 번역가로 활동
하고 있다. 옮긴 책으로 『셰일가스 혁명』(공역) 등이 있다.

아들러와 프로이트의 대결

1판 1쇄	2016년 2월 15일
1판 4쇄	2022년 6월 9일

지은이	와다 히데키
옮긴이	이민연
펴낸이	강성민
편집장	이은혜
편집	박은아
마케팅	정민호 이숙재 김도윤 한민아 정진아 이가을 우상욱 정유선
브랜딩	함유지 함근아 김희숙 정승민
제작	강신은 김동욱 임현식

펴낸곳	(주)글항아리	출판등록 2009년 1월 19일 제406-2009-000002호
주소	10881 경기도 파주시 회동길 210
전자우편	bookpot@hanmail.net
전화번호	031-955-2696(마케팅) 031-955-2663(편집부)
팩스	031-955-2557

ISBN	978-89-6735-301-8 03180

에쎄는 (주)글항아리의 브랜드입니다.

잘못된 책은 구입하신 서점에서 교환해드립니다.
기타 교환 문의 031-955-2661, 3580

www.geulhangari.com